OS VERDITOS E OS BURACOS

A Trilha da Conspiração anti-Trump e a Investigação de Mueller

Livro 2 de "APESAR DELES"

Janvier T. Chando

TISI BOOKS

NOVA IORQUE, RALEIGH, LONDRES, AMESTERDÃO

PUBLICADO POR TISI BOOKS

ISBN-13: 978-1-6958-6873-1
ISBN-10: 1-6958-6873-0

PUBLICADO POR TISI BOOKS
www.tisibooks.com

NOVA IORQUE, RALEIGH, LONDRES, AMESTERDÃO

Impresso nos Estados Unidos da América

Non-Fiction Titles by Janvier T.Chando

APESAR DELES: A Presidência de Dois Mandatos de Donald Trump
HERÓIS CAÍDOS: Líderes Africanos Cujos Assassinatos…
UCRÂNIA: O Cabo de Guerra entre a Rússia e o Ocidente
O CANÁRIO EM UM EFEITO DE MINHA CARVÃO:…
Camarões: O Coração Assombrado da África

Títulos de Ficção por Janvier Chando

O Usurpador: E Outras Histórias
Agente Triplo, Cruz Dupla
Discípulos da Fortuna
União Muzhik
Flash do Sol
Chamadas da Fortuna
Mestre da Fortuna
Filhos da Fortuna
Os Ursos de Norilsk
Estar Apaixonado e Ser Sábio
A Lenda do Fogo e do Gelo
A Loucura Mais Doce
As Avós
O Fogo da Fome
As Sombras do Fogo
Pai e Filhos
O Médico
Tons Escuros
Fatal Gravatas
O Veredicto de Hades
O julgamento de Sua Majestade
Loucura de Ngoko
A Usurpadora
O Dote
Eu Sou Odiado
A Criança Irriquieta

Próximos Títulos de Janvier Chando

O Falcão Branco
A Deriva em casa
Os Amigos Mortais

Dedicação

Este livro é dedicado a Anna M. Chitja, Dr. Samuel F. Tchwenko, e Christopher N. Chando

Reconhecimento

Meus agradecimentos mais profundos, calorosos e eternos a Salomon Muna Yakana, Macdonald Chanda, Emos Mbiatom

Contents

OS VERDITOS
E
OS BURACOS

Livro 2 de "APESAR DELES"

Citações

"Descobrimos que atualmente a raça humana está dividida em um homem sábio, nove vilões e noventa tolos em cada cem. Ou seja, por um observador otimista. Os nove vilões se reúnem sob a bandeira dos mais esfarrapados dentre eles e se tornam "políticos"; o homem sábio se destaca, porque sabe que é irremediavelmente em menor número e então ele se dedica à poesia, matemática ou filosofia; enquanto os noventa tolos voam sob as bandeiras dos nove vilões, segundo a fantasia, para os labirintos de trapaça, malícia e guerra. É agradável ter comando, observa Sancho Panza, mesmo sobre um rebanho de ovelhas, e é por isso que os políticos levantam suas bandeiras. Além disso, é a mesma coisa para as ovelhas, qualquer que seja o estandarte. Se é democracia, então os nove vilões se tornarão membros do parlamento; se fascismo, eles se tornarão líderes do partido; se comunismo, comissários. Nada será diferente, exceto o nome. Os tolos ainda serão tolos, os knaves ainda líderes, os resultados ainda exploração. Quanto ao homem sábio, sua sorte será a mesma em qualquer ideologia. Sob a democracia, ele será encorajado a morrer de fome em um sótão; sob o fascismo, ele será colocado em um campo de concentração; sob o comunismo, ele será liquidado."

T.H. White

"Lembre-se, lembre-se sempre, de que todos nós, especialmente você e eu, somos descendentes de imigrantes e revolucionários."

Franklin D. Roosevelt

"Estamos no processo de criar o que merece ser chamado de cultura idiota. Não é uma subcultura idiota que borbulha sob a superfície em todas as sociedades e que pode proporcionar diversão inofensiva; mas a própria cultura. Pela primeira vez, o estranho, o estúpido e o grosseiro estão se tornando nossa norma cultural, até mesmo nosso ideal cultural."

Carl Bernstein

"Se você quer fazer as pazes com seu inimigo, precisa trabalhar com ele. Em seguida, ele se torna o seu parceiro."

Nelson Mandela

"Aqui, é para os loucos. Os desajustados. Os rebeldes. Os encrenqueiros. Os pinos redondos nos orifícios quadrados. Quem vê as coisas de maneira diferente. Eles não gostam de regras. E eles não têm nenhum respeito pelo status quo. Você pode citá-los, discordar deles, glorificá-los ou difamá-los. A única coisa que você não pode fazer é ignorá-los. Porque eles mudam as coisas. Eles empurram a raça humana para a frente. E enquanto alguns podem vê-los como loucos, vemos genialidade. Porque as pessoas que são loucas o suficiente para pensar que podem mudar o mundo, são elas quem muda as coisas."

Rob Siltanen

"A humanidade deve pôr fim à guerra antes que a guerra ponha fim à humanidade."
John F. Kennedy

"O homem mais perigoso, para qualquer governo, é o homem capaz de pensar por si mesmo sem levar em consideração as superstições e tabus prevalecentes. Quase inevitavelmente ele chega à conclusão de que o governo sob o qual ele vive é desonesto, insano e intolerável. E assim, se ele é romântico, ele tenta mudá-lo. E mesmo que ele não seja romântico pessoalmente, ele é capaz de espalhar descontentamento entre aqueles que são."
H.L. Mencken

"Os lugares mais sombrios do inferno são reservados para aqueles que mantêm sua neutralidade em tempos de crise moral."
Dante Alighieri

"No final, você é medido não por quanto você se compromete, mas pelo que você finalmente realiza."
Donald Trump

"Viva como se você fosse morrer amanhã. Aprenda como se você fosse viver para sempre."
Mahatma Gandhi

"Tudo o que ouvimos é uma opinião, não um fato. Tudo o que vemos é uma perspectiva, não a verdade."
Marcus Aurélius

"Eu nunca deixei minha escola interferir com a minha educação."
Mark Twain

"... O mundo é abençoado de vez em quando com almas únicas que, embora sobrecarregadas por suas cruzes invisíveis, ainda têm a extraordinária força para avançar na vida e dar aos outros uma mão amiga ao mesmo tempo. Apesar de seus tribulações, a maioria de nós acha que eles estão bem. Mesmo quando o peso de suas cruzes se torna insuportável, mesmo quando eles ofegam enquanto prosseguem, ainda temos dificuldade em entender que elas estão se afogando. De fato, nós até os condenamos por falhar em sacrificar mais ..."
Janvier Chouteu-Chando, Discípulos da Fortuna

"Não é a pessoa com muito dinheiro que é feliz. É a pessoa com dinheiro suficiente que facilmente encontra a felicidade ."
Alexander Zakharchenko

"Você educa um homem; você educa um homem. Você educa uma mulher; você educa uma geração."
Brigham Young

Mapas

Mapa dos EUA

Mapa da Eleição Presidencial de 2008

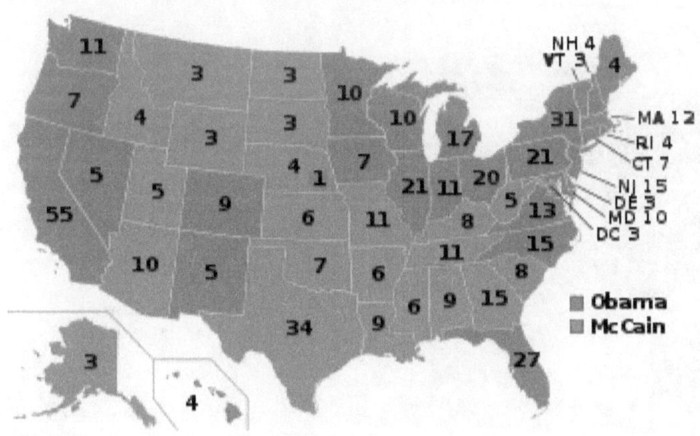

Mapa da Eleição Presidencial de 2012

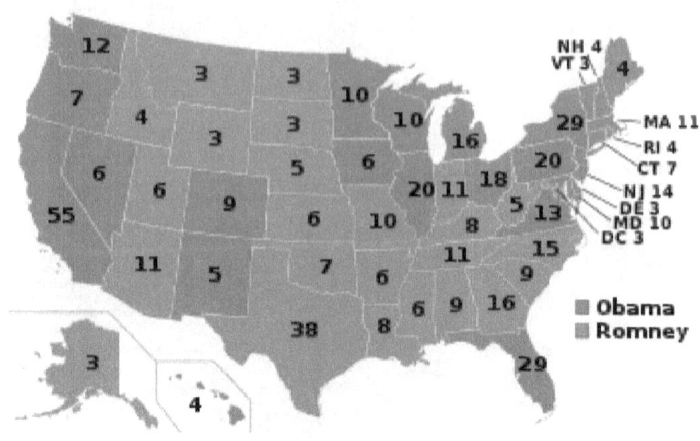

Mapa da Eleição Presidencial de 2016

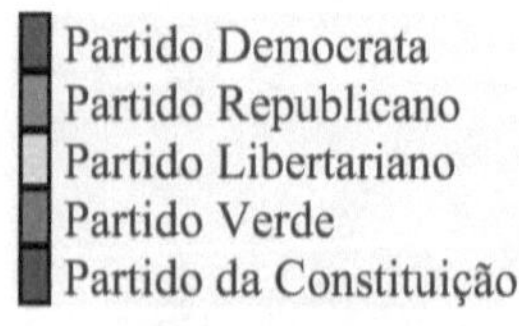

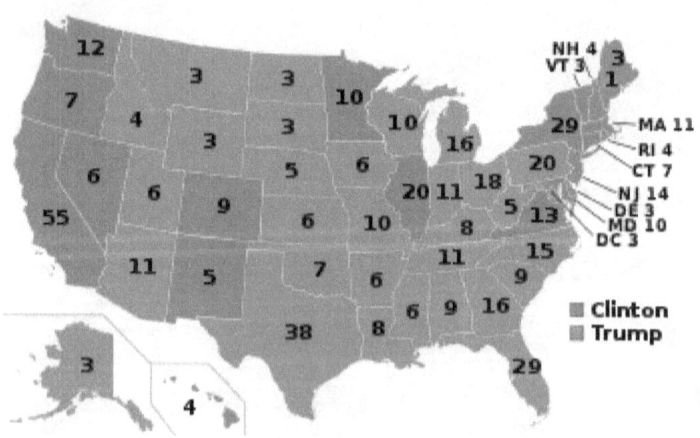

Resumo dos Resultados das Eleições Presidenciais de 2004-2016

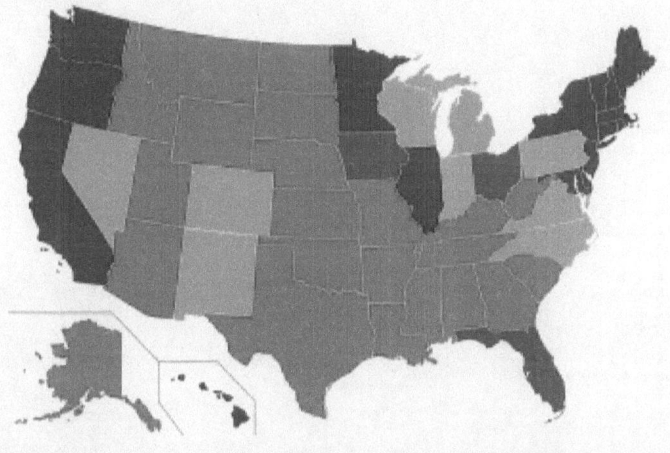

Introdução

Mais de dois anos e meio se passaram desde a posse do empresário e personalidade televisiva Donald John Trump como 45º e atual presidente dos Estados Unidos da América após sua surpreendente vitória contra Hillary Rodham Clinton, candidata do Partido Democrata nas eleições presidenciais 2016. A natureza fascinante das eleições foi registrada na memória da maioria dos americanos e de um grande número de cidadãos de outros países do mundo, mais do que qualquer outra eleição presidencial anterior a ela. Seu triunfo eleitoral foi o culminar de uma campanha emocionante, com as primárias do Partido Republicano servindo como um aperitivo, onde ele saiu vitorioso de uma longa lista de treze concorrentes, antes de ganhar a indicação do Partido Republicano.

Os Veredictos e os Buracos é uma narrativa do que muitos consideram o circo político mais vergonhoso da história dos Estados Unidos da América há mais de meio século. Se a história de interferência russa nas eleições presidenciais de 2016 e as acusações de que a campanha de Donald Trump conspirou com a Rússia para garantir uma vitória contra Hillary Clinton altamente qualificada destinada a evitar uma reaproximação dos EUA com a Rússia, ele cumpriu seu propósito em a curto prazo; Se a intenção era fortalecer o establishment político, o resultado da investigação do Conselho Especial mostrou que isso resultou em mais perguntas do que respostas, e que criou uma plataforma que poderia levar pesquisadores a serem investigados.

No entanto, não apenas os elementos da burocracia foram recentemente experimentou uma armadilha. Os últimos três anos mostraram que os principais meios de comunicação ocidentais estão sujeitos à autocensura, especialmente à medida que mais e mais pessoas passam a entender seu papel poderoso no desenvolvimento de narrativas e construção de consenso, gerando conversas duplas, e contribuindo para a destruição da liberdade de imprensa de uma forma que alguns especialistas tendem a traçar paralelos entre a mídia tradicional do Ocidente hoje e a mídia da era soviética do Oriente quando faltava pensamento imparcial e independente, quando a propaganda era produzida diariamente como notícia, quando a censura era a norma e quando as crenças baseadas em uma ideologia da utopia reinavam supremamente. No entanto, ao contrário dos dias do Oriente comunista e da União das Repúblicas Socialistas Soviéticas (URSS) ou da União Soviética, onde os meios de comunicação eram usados para sustentar a ideologia, o sistema e o governo antidemocrático; A mídia corporativa ocidental, dominada pela mídia de esquerda, produz notícias e informações que minam a administração Trump e fortalece a burocracia e o establishment político com um propósito que apenas poucas pessoas conseguem entender.

O objetivo dos Os Veredictos e os Buracos, que é essencialmente o livro 2 do esclarecedor e inovador livro

APESAR DE ELES: A Presidência de dois Mandatos de Donald Trump, visa a traçar uma imagem clara e coerente da história nascida do Alegação de que a campanha de Trump fez uma parceria com a Rússia para vencer a eleição presidencial de 2016. É também uma viagem às perdas da investigação de Mueller e que eles foram exonerados do que o presidente chama de perseguição. Para as bruxas Espero que esta história forneça lições que ajudem os governados e governantes dos Estados Unidos da América, bem como os meios de comunicação que devem ajudá-los, a desempenhar seu papel para o bem-estar do país; Espero que esta conta ajude a criar um melhor entendimento entre todas as facções rivais da sociedade americana, do governo e da economia dos EUA.

Descobrimos no final deste relato que temos os recursos para tirar nossas próprias conclusões para determinar se a declaração dos iniciadores e apoiadores da investigação de Mueller de que a narrativa da conivência Trump-Rússia não foi um crime, mas que "ocultação" é, não é verdade; ou se a investigação foi uma caça às bruxas que não cumpriu plenamente seu propósito.

Prolegência

A natureza atípica da presidência de Donald Trump dominou as conversas da maioria das famílias e amigos juntos para partir o pão ou tomar uma bebida em casa, em restaurantes, bares e outros locais públicos durante as férias de Verão . No entanto, se em 2016 e no início de 2017, o tópico de discussão foi como o empresário e o astro da TV venceram as eleições presidenciais de 2016, abalaram o establishment político, enfraqueceram como a grande mídia e surpreenderam e até mesmo chocaram a maioria dos americanos e a maioria das pessoas informadas do mundo, as trocas de hoje tornaram-se mais ponderadas, sóbrias, sombrias e intransigentes, refletindo a natureza polarizadora da política hoje, especialmente nos Estados Unidos da América.

A natureza atual da política no país reflete o aparente endurecimento das opiniões, crenças e posições dos dois principais partidos políticos, desenvolvimentos que as populações que os apóiam ou suas visões tendem a ampliar.

Palestras, discussões, argumentos, conselhos e debates hoje em dia tendem a se concentrar mais na lógica desafiando Presidência Donald J. Trump --- a incapacidade de bloquear o presidente 45° das inúmeras reclamações ou denúncias contra ele; o chamado aumento da polarização da sociedade americana em um momento em que está ganhando mais apoio das minorias raciais no país; alienação de aliados tradicionais da América no exterior em um momento em que envolvê-los mais na operação e financiamento da NATO (o Tratado do Atlântico Norte), uma aliança militar intergovernamental de 29 países da América do Norte e da Europa; as guerras econômicas e comerciais dos Estados Unidos da América, não apenas com seus adversários, mas também com seus aliados e parceiros; a aparente inclinação do presidente para tirar os Estados Unidos dos acordos econômicos e militares que a superpotência tinha com outros países, especialmente quando ele decidiu que esses tratados não serviam mais aos interesses da América, e assim por diante. .

A tarefa de um especialista tentando encontrar respostas racionais para os problemas da vida sócio-econômica e política do país decorrente das ações cegas e calculadas tanto do campo Trump quanto daqueles que se opõem a sua pessoa e sua política, começa com uma compreensão das promessas feitas pelo presidente, especialmente depois que ele conquistou a indicação do Partido Republicano e depois se comprometeu vigorosamente durante a campanha eleitoral a "Tornar a América Grande de Novo" --- *Make America Great Again (MAGA)*...

Enquando Donald Trump se estabelecer na segunda metade de seu primeiro mandato e começar a se posicionar para outro mandato, a evolução mostrará que seu comando do mais alto cargo no país pode ser mais benéfico do que o esperado para o país, especialmente devido ao fato de que as forças conflitantes no país estão se adaptando à realidade de sua presidência, bem como ao fato de ele também estar se ajustando à realidade de consenso procurando motivos comuns com o judiciário e o legislativo ramos do governo. O resultado desses compromissos inevitáveis, tanto do campo Trump quanto do campo daqueles que se opõem ou são indiferentes à presidência de Trump, promete tornar os próximos dezoito meses e potencialmente os próximos seis anos muito coloridos.

CAPÍTULO UM

A Salamandra

"Duas coisas são infinitas: o universo e a estupidez humana; e não tenho certeza sobre o universo."
Albert Einstein

"A melhor coisa a dar ao seu inimigo é o perdão; a um oponente, a tolerância; a um amigo, seu coração; a seu filho, um bom exemplo; a um pai, deferência; para sua mãe, conduta que a deixará orgulhosa de você; a si mesmo, respeito; a todos os outros, caridade."
Benjamin Franklin

"O inimigo não é quem está de frente para você com uma espada na mão, esse é o oponente. O inimigo é aquele atrás de você com uma faca nas costas."
Thomas Sankara

As pessoas, e mais especialmente a categoria de

americanos cuja lealdade a alguém ou a qualquer entidade depende dos benefícios pessoais de obter um relacionamento com essa pessoa ou corpo, têm dificuldade em entender a natureza da base de apoio de Donald Trump. A desconexão pode ser rastreada até mesmo antes do início de sua presidência, quando muitos especialistas e analistas de diferentes tonalidades tentaram elaborar a lógica do apoio sólido de 35% que o presidente vinha comandando entre os eleitores desde sua eleição para o cargo. Salão Oval, como se tudo dependesse de fórmulas empíricas. No entanto, os últimos dois anos e meio expuseram várias falhas nas análises postuladas por alguns desses gurus ou sábios sobre a natureza dos principais apoiadores de Donald Trump.

Como então explicar o fato de que o Partido Republicano, que tradicionalmente atendia aos interesses da classe rica e que atraía grande parte de seu apoio dos profundamente religiosos do país, está tendo um republicano bilionário na Casa Branca que, no entanto, comanda o apoio de um Qual é a variedade de americanos que Hillary Clinton descreveu como uma "cesta de deploráveis", a maioria dos quais é economicamente desprivilegiada, e ainda constituem o grupo que tem a maior porcentagem de seus principais apoiadores?

O fato de essa categoria de americanos ter aumentado de 35% no início de 2017 para 36% em abril de 2019, com o aumento vindo de todos os grupos raciais do país, apresenta um ângulo intrigante para qualquer analista de resistência.

Não precisamos pensar profundamente ou olhar muito longe para descobrir por que muitas pessoas acham esse aumento intrigante entre os principais apoiadores de Donald Trump. A antecipação que acompanhou o desligamento 2018-2019, quando a maioria de seus oponentes e até alguns daqueles que não eram realmente contra ele pensaram que o impasse entre republicanos e democratas no Congresso sobre o financiamento do muro de fronteira proposto pelo presidente diminuiria o tamanho de seu núcleo. apoiadores, foi fundamentada em análises sólidas. No entanto, as expectativas da oposição de ganhos políticos com esse soluço acabaram sendo apenas uma vitória pirórica. Todas as diferentes pesquisas realizadas desde janeiro de 2019 mostram uma queda consistente na porcentagem de americanos que desaprovam a presidência de Donald Trump, um declínio que foi constante até o ponto em que a principal base de apoio do presidente subiu para 36% dos americanos adultos..

Classificação de aprovação de 2019 da Administração Trump

Empresa / Porcentagens Mensais	Janeiro 2019	Fevereiro 2019	Março 2019	Abril 2019	Maio 2019
Ipsos (para Reuters)	39%	41%	42%	39%	39%
YouGov (para The Economist)	37%	40%	43%	42%	42%
Investor's Business Daily	42%	39%	41%	41%	43%
NBC News/Wall	43%	46%	53%		46%

Street Journal					
Gallup	37%	43%	39%	46%	

Há certas coisas, certas pessoas e certas situações que a mente bem informada tem dificuldade em entender. Donald Trump passa a ser um deles. Tanta sujeira foi lançada sobre ele que seus índices de aprovação devem ter caído a ponto de esperarmos que ele sofra uma perda humilhante nas eleições presidenciais de 2020 com uma porcentagem ou contagem de votos mais baixa do que Jimmy Carter, que como titular, perdeu a eleição presidencial de 1984 em 41% (35.480.115) para 50,7% de Ronald Reagan (43.903.230). É como se o povo americano, ou mais especificamente os principais apoiadores de Donald Trump, chegasse à conclusão de que a política americana, como a de muitos outros países dominados por poderosos grupos de interesse, está repleta de intrigas, conspirações, crenças e segredos. planos; é como se eles estivessem vendo algo de Maquiavel naqueles que se opunham ao 45° presidente e, assim, reagindo instintivamente e calculadamente, desconfiando da grande mídia que critica as alegações, muitas das quais sem fundamento, que o presidente conspirou contra a Rússia, obstruindo a justiça., etc.

Os principais apoiadores de Donald Trump desconfiam da burocracia composta por departamentos de gabinete, corporações governamentais, agências independentes e comissões reguladoras; eles se perguntam sobre a burocracia que vê os Estados Unidos da América como a única superpotência militar, econômica e diplomática do mundo e parece determinado a fazer o que for preciso para continuar liderando o mundo. A mídia corporativa e a burocracia se tornaram menos atraentes para a maioria desses principais apoiadores de Trump desde que ele começou a regular os assuntos americanos do Salão Oval.

Seria errado dizer que não há verdade em todas as acusações feitas contra o 45º presidente Americano, ou que ele não merece toda a sujeira que foi jogada nele. O primeiro cavalheiro dos Estados Unidos da América tem uma personalidade abrasiva, entre outras coisas, e é por isso que ninguém surpreenderia que ele tenha irritado algumas das pessoas com quem cruzou o caminho. E com base em um scorecard de escândalos e alegações contra ele, é fácil concluir que ele é atraído por ações que muitos consideram moralmente erradas e limítrofes legais, mantendo forte imunidade contra eles ao mesmo tempo. Eu digo isso porque Donald Trump fez uma defesa ambivalente às acusações levantadas por seus oponentes, questionando sua promessa de "Drenar o Pântano" em Washington DC, mas ele parece indiferente a essas acusações ou alegações.

Se não:

- como explicar o fracasso em fornecer informações prejudiciais ou a súbita quietude sobre os emaranhados que envolvem a família de Donald Trump, seus negócios e sua presidência, especialmente a muito comentada Organização Donald Trump da qual ele não se despojou, um negócio lucrativo por si só, que gerou pelo menos US $ 500 milhões em receita em 2017 e US $ 479 milhões em 2018?

- qual é a explicação para o fracasso do processo de difamação por 15 mulheres que alegaram que ele as agrediu sexualmente?

- como se explica o desmoronamento da alegação da ex-estrela pornô Stormy Daniels (nome real Stephanie Clifford) de que ela teve um caso com a então futura presidente em 2006 e que o advogado de Donald Trump, Michael Cohen, lhe pagou a soma de US $ 130.000 para ficar quieto antes das eleições presidenciais de 2016, uma ação considerada uma violação do financiamento da campanha e qual é um dos oito crimes federais pelos quais Michael Cohen confessou e cumpre pena de três anos de prisão?

- o que damos como explicação para a natureza confusa de sua equipe ou comitê político envolvendo escândalos como o gasto de centenas de milhares de dólares em aviões particulares pelo ex-secretário de Saúde e Serviços Humanos Tom Price; a indiscrição do secretário de Habitação e Desenvolvimento Urbano Ben Carson em permitir que seu filho ajude a organizar uma excursão de escuta de uma agência em Baltimore, mesmo tendo sido advertido por advogados do governo contra isso por violar as regras de ética?

- como é que nada saiu das alegações de agressão sexual feitas por três mulheres contra Brett Michael Kavanaugh, a quem o 45º presidente dos Estados Unidos da América nomeou para substituir Anthony McLeod Kennedy, o 93º juiz associado do Supremo Tribunal dos Estados Unidos que serviu de 1988 até sua aposentadoria em 2018 Et cetera?

As amputações acima, é claro, se destacam como uma sombra pálida da lista de acusações contra o 45º presidente que provaram não ter nenhuma importância. No entanto, isso não significa que o presidente e seu séquito sejam ilesos.

A história de hackers russos e a Rússia influenciando as eleições presidenciais americanas de 2016 e a crença de que Donald Trump ou alguns membros de sua equipe trabalharam com os russos e outras entidades estrangeiras para ajudá-lo a ganhar a presidência obscureceram as atividades diárias do presidente americano. É como se nada pudesse amenizar a situação do presidente; nem mesmo as alegações do presidente russo Vladimir Putin de que não houve envolvimento russo nas eleições, quando afirmou entre outras coisas que *"a histeria é causada simplesmente pelo fato de alguém precisar desviar a atenção do povo americano da essência" do que foi exposto pelos hackers."*

Muitos americanos, principalmente partidários de Donald Trump, acham que o presidente russo está certo. Eles também veem uma conspiração da grande mídia e do Partido Democrata para desviar a atenção deles e desorganizar a presidência de Donald Trump e sua intenção original de cultivar boas relações entre a Rússia e os Estados Unidos da América.

CAPÍTULO DOIS

Vereditos, Eles dizem

"Os melhores presentes para dar: ao seu amigo, lealdade; Para seu inimigo, misericórdia; Para seu chefe, serviço; Para uma criança, um bom exemplo; Aos seus pais, gratidão e devoção; Para seu cônjuge, amor e fidelidade; Para todos os homens e mulheres, caridade."
Oren Arnold

Solo tenemos que volver a los últimos dos días para conocernos mucho. El equipo de Donald Trump ha sido golpeado por las acusaciones y los cargos, los cuales son responsables e inocentes. Las elecciones presidenciales estadounidenses y las especulaciones que asociaron a Donald Trump tenían vínculos con los Estados Unidos de América en los Estados Unidos de América Ciudadanos rusos que intervinieron ilegalmente en las elecciones. Sin embargo, fue la suposición de que Donald Trump y los miembros de su equipo coludieron con Rusia en su presunta interferencia en las elecciones lo que provocó lo que el campo de Donald Trump llama "Caza de Brujas", o lo que otros llaman una "Histeria de Rusia."

Para comprender la historia de colusión de Rusia que se generó en el expediente Trump-Rusia, también conocido como el expediente Steele que afirma que Rusia reunió un archivo de información comprometedora sobre el presidente de los Estados Unidos, Donald Trump, tenemos que llegar a la raíz de todo. Bruce G. Ohr y el ciudadano británico Christopher David Steele, que trabajó como oficial de inteligencia británico con el Secret Intelligence MI6 desde 1987 hasta su retiro en 2009. El 21 de noviembre de 2014, los dos Oleg Deripaska, el oligarca ruso conocido por sus estrechos vínculos con el presidente ruso Vladimir Putin, para convertirse en un activo de la inteligencia de los Estados Unidos. El plan se aceleró en septiembre de 2015, después de que Donald Trump anunció formalmente su candidatura en la Torre Donald Trump en la ciudad de Nueva York, cuando el FBI y Ohr solicitaron formalmente los servicios de Steele para establecer una reunión con el multimillonario ruso, con la intención de reclutarlo como informante sobre el Kremlin y el crimen organizado en Rusia, a cambio de una visa estadounidense. Deripaska no cooperaría y preferiría notificar a las autoridades en Rusia sobre el esfuerzo estadounidense para reclutarlo. Para eso, Bruce Ohr y varios funcionarios del gobierno de los EE. UU. Decidieron revocar la visa estadounidense de Deripaska en 2016.

Pero luego, la firma de investigación comercial e inteligencia estratégica basada en GPS Fusion, Washington, DC contrataría a David Steele en junio de 2016 para investigar las actividades de Donald Trump en Rusia. La nueva publicación de Steele provocó el enfriamiento de las relaciones con el FBI. Sin embargo, aparecería con un documento de 35 páginas que BuzzFeed News publicó el 10 de enero de 2017. Este controvertido material se conocería como el expediente Steele del Archivo de Oro Trump-Rusia. Básicamente se trata de una extensa conspiración rusa para elegir a Trump; La página de Carter Trump El séquito de Donald Trump como personas que se han desatado con los rusos para alcanzar ese objetivo.

Sin embargo, aquellos que no compran la historia de Colusión de Rusia ven la carpeta Steele como una farsa. Pueden tener un punto después de todo. El 21 de diciembre de 2015, el presidente de campaña de Hillary Clinton, John Podesta, recibió un correo electrónico recomendando que su campaña es *"el mejor enfoque para la matanza de Donald por su bromance con Putin."* Correos electrónicos que fueron robados de la campaña de Podesta y Clinton en la primera mitad de 2016, supuestamente por agentes de Rusia, sería lanzado por WikiLeaks a partir del 7 de octubre de 2016. Al campamento de Clinton no le gustó, y la irritada Hillary Clinton culparía a Rusia durante el tercer debate Clinton-Trump el 19 de octubre de 2016, por las filtraciones de correo electrónico del DNC e incluso acusaría a Donald Trump de ser un "títere" de Putin, algo que Donald Trump negó en ese momento y sigue negando hoy.

De hecho, no fue hasta que American Intelligence supo que George Papadopoulos, miembro de la campaña de Donald Trump, tuvo conocimiento temprano de que los rusos tenían material dañino sobre la rival del partido demócrata de Donald Trump, Hillary Clinton, que decidieron iniciar una investigación. La Oficina Federal de Investigaciones (FBI) reacciona con una investigación encubierta de contrainteligencia con nombre en código "Crossfire Hurricane" el 31 de julio de 2016. Su misión era descubrir los vínculos entre Donald Trump y los funcionarios rusos, y aprender sobre el problema. entre la campaña presidencial de 2016 de Donald Trump y el gobierno ruso, especialmente con respecto a la interferencia en las elecciones de 2016 en los Estados Unidos de América.

Se Papadopoulos acionou os alarmes do FBI em relação aos e-mails de Clinton, os spoilers de Carter Page colocaram o FBI em seu rastro. A American Intelligence observou em janeiro de 2015 que um grupo de espiões russo fez uma tentativa fútil de recrutar Carter Page, que na época administrava um fundo de investimento individual e uma empresa de consultoria especializada em negócios de petróleo e gás na Rússia e na Central. Ásia. Carter Page se juntaria à campanha presidencial de Donald Trump em

2016 em março de 2016 e se tornaria consultor de política externa de Trump. Após o hacker do DNC e a liberação de e-mails do DNC pelo WikiLeaks, o Departamento de Justiça e o FBI solicitariam um mandado da FISA para monitorar as comunicações de quatro funcionários da campanha de Donald Trump. Em vez disso, em 21 de outubro de 2016, eles receberam um mandado para conduzir a vigilância e escutar Carter Page sozinho, com a aprovação citando que há uma provável causa para acreditar que Page é um agente russo. Isso foi um mês depois que Carter Page saiu da campanha de Donald Trump.

Enquanto isso, em 19 de setembro de 2016, os investigadores do Crossfire Hurricane seguiram o rastro do relatório de Steele. Pouco tempo depois, no início de outubro de 2016, uma equipe de agentes do FBI voou para a Europa e conversou com Steele sobre seu dossiê. Lá, eles aprenderam com Steele que um dossiê de alegações compiladas por Cody Shearer, um agente de longa data da DNC e Clinton, encaixava *"o que ele ouvira separadamente de suas próprias fontes independentes."* Além disso, também envolvia uma alegação não verificada de que o segredo russo serviço comprometido sexualmente Donald Trump no Ritz-Carlton Hotel em Moscou durante a visita do bilionário americano à Rússia em 2013.

Do final de julho a novembro de 2016, através do esforço conjunto do FBI, da Agência Central de Inteligência (CIA) e da Agência de Segurança Nacional (NSA), foram examinadas evidências de intromissão russa nas eleições presidenciais de 2016 nos Estados Unidos.

Ficou aparente durante a investigação que a equipe do FBI desfrutava de um alto grau de autonomia dentro da investigação interinstitucional mais ampla.

A investigação do Conselho Especial de 2017–2019 assumiu o trabalho do FBI em 17 de maio de 2017, produzindo o Relatório Mueller, que concluiu que a interferência russa ocorreu de uma "maneira abrangente e sistemática", que existiam vínculos substanciais com a campanha de Donald Trump, mas que os investigadores não obtiveram evidências para estabelecer que a campanha de Donald Trump "conspirou ou coordenou" com o governo da Rússia.

Em seu livro "The Restless Wave." O falecido senador republicano John McCain forneceu detalhes íntimos de como ele obteve o infame dossiê Steele. Ele alegou que tudo começou durante uma conferência anual de segurança em Halifax, Nova Escócia, Canadá, logo após a eleição presidencial de 8 de novembro de 2016, quando Sir Andrew Wood, diplomata britânico aposentado, contou a ele na presença de Chris Brose, uma equipe membro do Comitê de Serviços Armados do Senado, e David Kramer, ex-secretário de Estado assistente com experiência russa. Ele escreveu assim de Sir Andrew Wood:

"Ele me disse que conhecia um ex-oficial do MI6 chamado Christopher Steele, encarregado de investigar as conexões entre a campanha de Donald Trump e os agentes russos, além de potencialmente comprometer informações sobre o presidente eleito

que [presidente russo Vladimir] Putin supostamente possuído ...."

O senador McCain apontou que, embora Sir Andrew Wood ache que a informação não foi verificada, o inglês apontou que era uma informação que Steele *"acreditava fortemente que merecia um exame minucioso por especialistas em contrainteligência."*

Sob instruções do senador McCain, Kramer voou para Londres, conheceu Steele e depois voltou com uma cópia do relatório. Na sua opinião, Steele parecia ser uma fonte respeitável. McCain escreveria que *"As alegações eram perturbadoras, mas eu não tinha idéia de quais eram verdadeiras ..."* Ainda assim, em 9 de dezembro de 2016, o senador republicano cujo status de herói da guerra no Vietnã foi interrogado por Donald Trump em julho de 2015, entregaria o relatório ao diretor do FBI, Jim Comey, convenceu-o de que estava cumprindo o dever que exigia dele.

O fato de Bruce Ohr perder sua posição como vice-procurador geral no final de 2017, mantendo sua posição por um tempo como diretor da OCDETF; e o fato de que ele foi mais tarde rebaixado pelo Departamento de Justiça depois que o Comitê de Inteligência do Senado descobriu suas reuniões com Christopher Steele e Glenn Simpson, fundador do Fusion GPS, explicam por que muitas pessoas, especialmente os que apoiam Donald Trump, acham que foi O viés de Steele contra Donald Trump, que resultou na investigação do Conselho Especial, e o burburinho da mídia que distraiu o governo Donald Trump de desempenhar suas funções de maneira mais eficaz.

Em poucas palavras, o Federal Bureau of Investigation (FBI) encetou investigações sobre as atividades de agentes russos e membros da campanha presidencial de Donald Trump em julho de 2016. No entanto, foi somente após a posse de Donald Trump em janeiro de 2017 que essas investigações expandiu de, entre outras coisas, uma investigação sobre a interação entre a Rússia e a equipe de transição de Donald Trump e o lançamento de e-mails durante a campanha presidencial pelo WikiLeaks, para o que se tornou uma investigação completa de alguns membros da equipe do presidente. Caso contrário, chamada de Investigação de Conselheiro Especial ou Investigação Mueller, a investigação ocorreu de maio de 2017 a março de 2019, um período e suas consequências que alguns apoiadores de Donald Trump consideram um período perdido de sua presidência. O advogado e administrador da universidade americano Jerry Falwell Jr., que está atuando como presidente da Liberty University em Lynchburg, Virgínia, expressou sua indignação com o que considerou a influência perturbadora da Mueller Investigation com as seguintes palavras:

"Agora eu apoio reparações - Trump deveria ter 2 anos adicionados ao seu primeiro mandato como recompensa pelo tempo roubado por este golpe fracassado e corrupto..."

Jerry Falwell Jr., Donald Trump, antigos e atuais membros da equipe do presidente, apoiadores de Donald Trump e uma grande variedade de americanos e estrangeiros que se interessam pela política americana têm todos os motivos para levantar as sobrancelhas, porque não apenas a investigação de Mueller absolveu Donald Trump e seu séquito da tão falada acusação de Collusion com a Rússia, não conseguiu esclarecer a "interferência" russa no sentido clássico da palavra quando se trata de influenciar o resultado de uma eleição, como a maioria das pessoas sabe. ou como é considerado inaceitável nas relações internacionais. Portanto, o fato de o Partido Democrata e a mídia de esquerda continuarem levando de maneira incessante a investigação do Conselho Especial; o fato de as forças anti-Trump no país e no exterior continuarem a especular que o presidente obstruiu a justiça ou tentou influenciar a investigação e, portanto, deve ser impugnado, endurece a resolução dos principais apoiadores de Trump e daqueles que são simpatizantes com o colorido ex-magnata da mídia ou inclinado a ter um coração terno em relação ao presidente sitiado. E são pessoas que, em primeiro lugar, viram toda a investigação como uma conspiração.

Em 17 de maio de 2009, desenvolveu-se uma reviravolta na história de conluio com a Rússia, que durante e logo após a investigação de Mueller se transformou em "Obstrução da Justiça", quando o relatório mostrou que não havia conluio entre a campanha de Donald Trump e os russos. garantir uma vitória para Donald Trump nas eleições presidenciais de 2016. Os partidários do presidente conturbado consideram "Obstrução da Justiça" como outra saída ou argumento infundado levantado por seus oponentes como talvez seu último recurso para impedir que o dissidente cumpra seu mandato completo ou conquiste um segundo mandato no próximo 2020. eleição presidencial.

Uma pessoa interessada nas intrigas ou conspirações políticas ocorridas em Washington DC não precisa se concentrar apenas nos membros do Partido Democrata para encontrar políticos que, entre outras coisas, acham que as falhas de caráter do presidente o tornam intoleravelmente não-presidencial. O Partido Republicano, que os especialistas pensavam ter apoiado o presidente, especialmente após a morte do ex-senador republicano John McCain, experimentou uma fenda na armadura quando Justin Amash, um congressista republicano de Michigan, se lançou no centro das atenções ao romper com seu republicano. colegas por meio de alegações feitas em público de que o Relatório Mueller tinha ..". *vários exemplos de conduta que satisfazem todos os elementos de obstrução da justiça e, sem dúvida, qualquer pessoa que não seja o presidente dos Estados Unidos seria indiciada com base nessas evidências."* Isso aconteceu apesar do advogado-geral americano William Barr ter dito ao Congresso apenas algumas semanas antes, com base no relatório de Mueller e no resumo que ele fez em março de 2019, Donald Trump não obstruiu a justiça durante a investigação.

Embora a conclusão do procurador-geral certamente tenha contribuído bastante para exonerar Donald Trump e energizar seus apoiadores, desanimaram uma grande facção de opositores de Donald Trump, que imediatamente concluíram que William Barr estava do lado do presidente e, como tal, não deveria ser confiável. Ficou aparente depois que a aparição de William Barr em 01 de maio de 2019 no Comitê Judiciário do Senado e o testemunho que ele deu no relatório de Robert S. Mueller III, ainda não conseguiram convencer a maioria dos oponentes de Donald Trump a mudar de posição. Assim, apenas um santo tolo, que não tem noção das intrigas da política, ficaria surpreso quando aqueles que procuravam o couro cabeludo de Donald Trump pedissem a Robert Mueller que fizesse uma declaração pública ou testemunhasse pessoalmente sobre o assunto.

Por isso, quando Amash foi além, acrescentando que: *"Ao contrário do retrato de Barr ... o relatório de Mueller revela que o presidente Donald Trump se engajou em ações específicas e um padrão de comportamento que atendem ao limiar do impeachment ..."*, ele praticamente jogou a luva no Partido Republicano do qual ele é membro e tornou inevitável que Robert Mueller dissesse algo.

O pedido de Amash por um impeachment de Donald Trump por alegações, que até agora não foram comprovadas, de que ele obstruiu a justiça provocou reivindicações de pessoas, a maioria das quais estão do lado do presidente, de que ele é um libertário se passando por republicano. De fato, Amash dirige o House Liberty Caucus, que geralmente é considerado um "grupo conservador com ênfase libertária" e que está associado ao movimento Tea Party. Os membros do House Liberty Caucus são republicanos da Câmara dos Deputados dos Estados Unidos que ideologicamente são conservadores, libertários ou conservadores libertários. A filosofia de espírito libertário do grupo está enraizada na convicção de que a única maneira de o Partido Republicano ganhar mais eleições no futuro é que o Partido Republicano aceite sua filosofia de espírito libertário porque os eleitores a abraçam, especialmente após as recentes revelações de coleta de dados do governo. que muitos eleitores acreditam que viola seus direitos à privacidade.

Quando Justin Amash apresentou sua renúncia ao líder republicano Kevin McCarthy e à líder da Conferência Republicana da Câmara Liz Cheney em 8 de julho de 2019, poucos dias depois de tornar pública sua intenção de deixar o Partido Republicano, ainda surpreendeu muitas pessoas.

Não intimidado pelas objeções da oposição e de Amash, o promotor especial ou o chefe da investigação especial falou publicamente sobre a investigação em 29 de maio de 2019, observando em particular que:

- os Estados Unidos da América estavam sob "ataque concertado" por uma potência estrangeira durante as eleições de 2016
- não houve conspiração criminosa ou "conluio" entre os "russos" que realizaram os ciberataques e os membros da equipe de campanha de Donald Trump
- e que *"Não havia provas suficientes para cobrar uma conspiração mais ampla"* e que *"acusar o presidente de um crime não era, portanto, uma opção ..."* eles poderiam considerar.

A notável resposta de Donald Trump à declaração de Mueller foi um tweet que dizia:

"Nada muda com o relatório Mueller. Não havia evidências suficientes e, portanto, em nosso país, uma pessoa é inocente. O caso está encerrado! Obrigado."

Por mais que tentassem, a equipe de Donald Trump não conseguiu parecer pessoas com firme convicção de que Robert Mueller falou a seu favor em sua declaração pública que também dizia aos americanos que estava se aposentando como advogado especial e que o escritório seria fechado. No entanto, democratas e outros oponentes de Donald Trump encontraram munição suficiente nas palavras de Mueller para usar contra o presidente, especialmente a sentença do advogado especial de que *"Não havia provas suficientes para cobrar uma conspiração mais ampla ...",* e ele afirmou que o relatório nunca disse que o presidente era inocente, embora Mueller também tenha dito que ..". *espero e espero que seja a única vez que falarei sobre esse assunto",* os democratas no Congresso exigiram sua presença diante de seus comitês para responder a perguntas, esperando que ele forneceria mais munição que reforçaria sua defesa de um impeachment do presidente.

É por isso que ele testemunhou publicamente em 24 de julho de 2019, na Câmara dos Deputados, sobre sua investigação sobre interferência russa nas eleições de 2016. Era um cabeçalho duplo - um depoimento das 8h30 da manhã no Comitê Judiciário da Câmara e outro ao meio-dia no Comitê de Inteligência da Câmara. O testemunho de

Mueller não trouxe nada de novo à mesa e exonerou Donald Trump muito mais do que o testemunho de William Barr e o resumo do relatório de Mueller.

Independentemente de como Donald Trump e seus apoiadores tentam interpretá-lo, o soluço de Amash no Partido Republicano é uma extensão dos contratempos que a equipe de Donald Trump sofreu nos últimos dois anos, infortúnios que podem ser atribuídos à Investigação de Conselhos Especiais . O pedido de Amash por um impeachment, independentemente de quão ingênuo alguns diriam, está ancorado no argumento de que algumas pessoas que faziam parte da equipe de campanha de Donald Trump ou do governo Donald Trump, ou ambas, foram consideradas culpadas de crimes não foi isso que a investigação do conselho especial foi criada para investigar, deixando muitos se perguntando se toda a investigação não era uma caça às bruxas, afinal. Para julgar por nós mesmos, precisamos apenas dar uma olhada em algumas das vítimas ou culpados da investigação de Mueller, que não apenas foram multadas, mas cumpriram ou cumprem pena na prisão.

I: Paul John Manafort Jr.

Muitos especialistas consideram o renomado advogado, lobista e consultor político americano Paul John Manafort Jr. como o maior dos peixes que a investigação do Conselho Especial rendeu. Embora preso pela primeira vez pelo FBI em 30 de outubro de 2017, após uma acusação de um grande júri federal como parte da investigação de Robert Mueller sobre a campanha de Donald Trump, Paul Manafort acabou enfrentando acusações não relacionadas à história de Collusion with Russia, para que o O tribunal do Distrito Leste da Virgínia acabou condenando-o em 21 de agosto de 2018, por cinco acusações de fraude fiscal, duas por fraude bancária e por não divulgar suas contas bancárias estrangeiras. O tribunal o condenou a 47 meses de prisão. Isso foi seguido por outra condenação em 13 de março de 2019, do Tribunal Distrital do Distrito de Columbia, dando-lhe 43 meses de prisão, 30 dos quais ele teria que cumprir simultaneamente o tempo de prisão que recebeu do Distrito Leste da Virgínia. Nesse segundo caso, uma conspiração para fraudar os Estados Unidos da América representou 30 dos 43 meses e a violação de testemunhas representou os 13 meses restantes. Manafort realmente pensou que poderia evitar uma segunda condenação fazendo um acordo judicial com os promotores e se declarando culpado das duas acusações em 14 de setembro de 2018. No entanto, um processo judicial no escritório de Mueller em 26 de novembro de 2018, responsabilizando Manafort por violar o O acordo judicial foi apoiado pela juíza Amy Berman Jackson, que decidiu em 13 de fevereiro de 2019, que ele violou o acordo, mentindo repetidamente para os promotores. No momento, Manafort deve ser libertado da Instituição Correcional Federal em Loretto, Pensilvânia, em 25 de dezembro de 2024.

Como se em uma tentativa de impedir o perdão presidencial, os promotores do estado de Nova York acusassem Manafort de fraude em hipotecas residenciais, conspiração e falsificação de registros comerciais. A ação, que aconteceu poucos minutos após a segunda audiência de 13 de março de 2019, colocou-o em risco de prisão adicional se considerado culpado. A lei da terra - Nova York - afirma que um perdão presidencial não pode anular ou influenciar uma sentença se ele for condenado. Paul Manafort e sua equipe de defesa enfrentam um duplo risco no caso do estado de Nova York e, portanto, agiram em conformidade durante sua convocação à Suprema Corte do estado de Nova York em 27 de junho de 2019 - seu terceiro processo criminal nos últimos anos - alegando não ser culpado de declarar acusações de fraude apresentadas contra ele pelo escritório do promotor de Manhattan.

Ao contrário das expectativas, o caso de Manafort poderia ter sido uma caça às bruxas, afinal. Mesmo assim, poderia ser apenas um que não foi inicialmente direcionado a Donald Trump. De certa forma, o futuro presidente estava no julgamento de Manafort em março de 2016, o dia em que o consultor político-estético se juntou à equipe de campanha presidencial de Donald Trump. Os simpatizantes de Manafort afirmam que, entre seus muitos "crimes", o mais grave foi o trabalho de consultoria que ele fez na Ucrânia para o governo do quarto presidente da Ucrânia, Viktor Yanukovych, nativo da Rússia na principal cidade industrial e região industrial de Donetsk, antes do profissional. - O russo Yanukovych foi derrubado em 22 de fevereiro de 2014 por uma revolta apoiada pelos Estados Unidos / União Européia, chamada EuroMaidan, com o argumento de que ele suspendeu a assinatura de um acordo de associação entre a Ucrânia e a União Europeia, e que escolheu laços mais estreitos com a Rússia e a Rússia. União Econômica da Eurásia liderada pela Rússia. Somente depois dessa forte mudança de poder na Ucrânia o FBI teria iniciado uma investigação de Paul Manafort em 2014, no mesmo ano em que a Rússia iniciou sua campanha anti-EUA, que foi bem antes de Donald Trump começar sua campanha para se tornar o 45º presidente dos Estados Unidos da América. De fato, quando Donald Trump twittou isso, *"a Rússia iniciou sua campanha anti-EUA em 2014, muito antes de eu anunciar que iria concorrer à presidência... Os resultados das eleições não foram afetados. A campanha de Donald Trump não fez nada de errado - nenhum conluio!"*, Vemos que seu raciocínio foi apoiado pela lógica.

No entanto, foi apenas na véspera da inauguração de Donald Trump que o público soube das atividades de várias agências federais que investigavam Paul Manafort, entre as quais destacavam-se a Agência Central de Inteligência (CIA), o Federal Bureau of Investigation (FBI), o Diretor de Inteligência Nacional (DNI), Agência de Segurança Nacional (NSA) e a unidade de crimes financeiros do Departamento do Tesouro. De fato, o establishment político americano considerou Yanukovych como candidato pró-russo em 2004, quando concorreu com o candidato pró-americano Viktor Yushchenko no segundo turno da eleição presidencial ucraniana de 21 de novembro de 2004, que na opinião de vários monitores eleitorais nacionais e estrangeiros, foi fraudado pelas autoridades a favor de Yanukovych, uma fraude eleitoral que desencadeou protestos que obrigaram a Suprema Corte do país a anular os resultados do segundo turno e ordenar uma revisão para 26 de dezembro de 2004. Viktor Yushchenko saiu vitorioso dessa reprise ao conquistar 52% dos votos. Portanto, o fato de Manafort ajudar a trazer Yanukovych de volta ao poder em 22 de março de 2006, enquanto atuava como consultor político cuja equipe gerenciava e dirigia efetivamente a campanha do partido político de Yanukovych - Partido das Regiões - até o ponto em que o partido pró-russo venceu as eleições parlamentares ucranianas de 2006 com 32% dos votos, de onde Yanukovych se tornou o primeiro-ministro da Ucrânia de 04 de agosto de 2006 a 18 de dezembro de 2007, plumas de babados em Washington DC e nas capitais de vários países europeus. Essas foram as pessoas que viram a perturbadora vitória de Yanukovych como um revés inesperado em seus planos para a Ucrânia, um revés causado por um cidadão americano americano nesse assunto.

Muitos dos tomadores de decisão na burocracia de Washington e no establishment político americano, em geral, não acharam engraçado que Paul Manafort continuasse trabalhando com Yanukovych e seu Partido das Regiões, e que ele desempenhou um papel proeminente Os nativos de Donetsk vencem o segundo turno das eleições presidenciais ucranianas de 2010 contra Yulia Tymoshenko, apoiada pelos EUA / UE. Para acrescentar mais insultos às lesões, Yulia Tymoshenko foi condenada a sete anos de prisão em 11 de outubro de 2011, por supostamente abusar de seu escritório como primeira-ministra da Ucrânia ao intermediar o acordo de gás que a

Ucrânia assinou com a Rússia em 2009. seu encarceramento uma caça às bruxas. Ela só foi libertada após a queda de seu inimigo Viktor Yanukovych.

O revés de 2010 no plano de jogo das potências ocidentais sobre a Ucrânia tornou automaticamente o consultor político americano um inimigo das forças dos Estados Unidos da América e da União Européia que trabalhavam há décadas para afastar a Ucrânia da Rússia e entrar em órbita. da União Europeia e da OTAN. Por Victoria Nuland, que atuou no Departamento de Estado Americano de 18 de setembro de 2013 a 25 de janeiro de 2017, como Secretária de Estado Adjunta para Assuntos Europeus e Eurásia, o EuroMaidan foi planejado e patrocinado ao custo de US $ 5 bilhões. A Ucrânia ficou subvertida; Yanukovych foi deposto do poder, mas a um custo enorme. A Rússia anexou a tão cobiçada Península da Crimeia que a Ucrânia recebeu da Rússia em 1956, quando ambos os países eram repúblicas constituintes da URSS (União das Repúblicas Socialistas Soviéticas); o reduto de Donukass de Yanukovych (constituindo as províncias de Donetsk e Lugansk) se rebelou contra as novas autoridades. em Kiev, desencadeando uma guerra civil que viu a Ucrânia perder mais dez presentes de sua população e um quarto de seu coração industrial, para que o mundo agora fique com o dilema de como lidar com duas repúblicas não reconhecidas, a República Popular de Donetsk (DNR) e a República Popular de Lugansk (LNR), ambas pró-russas.

Hoje, a Ucrânia está em um limbo geopolítico, pois parece que o entusiasmo da União Europeia e dos EUA pelo país diminuiu. A nova liderança política sob o oligarca anti-russo Petro Poroshenko que o EuroMaidan levou ao poder foi desacreditada à medida que a corrupção piorava durante os cinco anos em que eles detinham o poder, pois a situação econômica do país não melhorou, pois as autoridades não conseguiram controlar. extrema direita e, como a Ucrânia perdeu mais de um quarto de sua população através da emigração, da perda da Crimeia e da guerra no Donbass. Os eleitores ucranianos expressaram seu desapontamento com o primeiro cargo após a liderança do EuroMaidan, votando Poroshenko fora do cargo no segundo turno das eleições presidenciais ucranianas de 21 de abril de 2019, onde ele obteve 24,45% dos votos contra os 73,22% ganhos por seu oponente Volodymyr Zelensky, um comediante, ator e roteirista que antes da eleição não ocupava cargo político, nunca contestara uma eleição e basicamente não possuía experiência política.

II: Michael Cohen

Embora não seja tão grande em estatura quanto Paul Manafort, Michael Dean Cohen, o homem que desempenhou o papel de advogado pessoal de Donald Trump de 2007 a 2018, talvez seja o mais colorido e sensacional dos associados próximos de Donald Trump que foram acusados e condenados após um inquisição pela investigação do Conselho Especial sobre suas atividades antes e depois da eleição presidencial de 2016. Ele foi condenado a três anos de prisão em 12 de dezembro de 2018, por sonegação de imposto de renda federal, por seu envolvimento no pagamento de dinheiro oculto a duas mulheres em nome de Donald Trump antes da eleição presidencial de 2016 e por fazer declarações falsas a bancos e Congresso dos Estados Unidos. De fato, ele até se declarou culpado pelas nove acusações criminais que o condenaram e concordou em cooperar com os investigadores que investigam não apenas a interferência russa nas eleições, mas também as práticas comerciais da Organização Donald Trump.

Quando Michael Cohen disse ao tribunal em sua sentença que *"era meu dever encobrir suas ações sujas"*, ele ampliou a fase de conflito com seu ex-chefe porque Donald Trump rebateu Michael Cohen, a quem a mídia sensacionalmente se referia a Donald Trump. "Fixer" antes de sua investigação que o levou a se declarar culpado em 21 de agosto de 2018, estava mentindo. Mesmo assim, quando o juiz distrital dos EUA William H. Pauley III condenou Cohen a três anos de prisão, multou-o em US $ 50.000 em multa, ordenou que pagasse US $ 1,4 milhão em restituição e o levou a perder US $ 500.000, ele certamente causou um duro golpe ao ex-presidente. advogado pessoal do presidente.

Como chegou a esse ponto em que o advogado pessoal de Donald Trump por mais de uma década iria trabalhar contra ele, a ponto de até chamar Donald Trump de "racista", "vigarista" e "trapaceiro" durante uma audiência pública na televisão depoimento perante o Comitê de Supervisão da Câmara que durou 10 horas?

As coisas começaram a desmoronar em 9 de abril de 2018, quando atuando em um mandado federal baseado em uma referência pela investigação do Conselho Especial, o FBI invadiu o escritório de advocacia de Michael Cohen, sua casa e seu quarto de hotel, levando documentos e registros implicantes, com pagamentos feitos a Stormy Daniels por Michael Cohen, incluindo a documentação. E isso foi apenas um mês depois que Stormy Daniels (Stephanie Gregory) chegou a comandar o centro das atenções política e da mídia devido à sua entrevista em 25 de março de 2018 com a 60 Minutes, onde ela falou sobre ter um caso sexual com Donald Trump em 2006 e, como resultado, foi posteriormente ameaçado na frente de sua filha bebê para ficar quieto sobre o contato, obrigando-a a receber US $ 130.000 em dinheiro oculto e a assinar um acordo de confidencialidade em outubro de 2016, pouco antes da eleição presidencial.

De fato, a revista de fofocas Life & Style e o blog The Dirty haviam publicado a história do suposto caso em 2011, e Michael Cohen impediu outra revista de fofocas chamada In Touch Weekly de publicar a história ameaçando processar isto. Então, quando o Wall Street Journal noticiou a história em 12 de janeiro de 2018 e mencionou que Michael Cohen pagou a Stormy Daniels US $ 130.000, um mês antes da eleição presidencial, o jornal internacional obrigou o advogado de Donald Trump a responder. Em 13 de fevereiro de 2018, Michael Cohen deu alguma credibilidade à história e provavelmente desencadeou a caçada que o prendeu quando lançou uma declaração cuidadosamente redigida ao New York Times, parte da qual se lê assim:

> *"Em uma transação privada em 2016, usei meus próprios fundos pessoais para facilitar um pagamento de US $ 130.000 para Stephanie Clifford ... Nem a Organização Donald Trump nem a campanha Donald Trump fizeram parte da transação com Clifford e nem me reembolsaram. para o pagamento, direta ou indiretamente."*

O fato de que, em 30 de abril de 2018, um dia após o ataque às residências de Cohen, Stormy Daniels entrou com uma ação contra Donald Trump por acusações de difamação porque o presidente chamou suas declarações e uma ação anterior de "fraude", diz muito sobre o caminho os beligerantes cronometraram suas ações. Na verdade, ela entrou com um processo contra Donald Trump em 6 de março de 2018, alegando que o acordo de não divulgação que ela assinou era inválido porque Donald Trump nunca o assinou pessoalmente. No entanto, não foi até Michael Cohen se declarar culpado em 21 de agosto de 2018, por violar as leis financeiras durante a eleição presidencial de 2016, ao lidar com dinheiro oculto para os supostos amantes de Trump, que o público ficou ciente de uma brecha entre ele e Donald Trump. . Foi quando seu advogado pessoal, Lanny Davis, disse que Michael Cohen estava preparado para *"contar tudo sobre Donald Trump que ele conhece."* Essa aparente conversão do advogado ou "consertador" pessoal de Trump ao potencial "inimigo" de

Trump parecia ter aumentado quando Cohen se registrou novamente como democrata em 11 de outubro de 2018, dezenove meses depois de abandonar sua participação no partido, registrando-se como republicano em 9 de março de 2017.

O ex-advogado de Donald Trump cumpriu a promessa de ser próxima sobre sua relação de trabalho anterior com Donald Trump, quando se declarou culpado em 29 de novembro de 2018 por uma acusação levantada pela investigação do Conselho Especial que mentiu para o Comitê de Inteligência do Senado e a Câmara. O Comitê de Inteligência, em 2017, sobre os 2015 e 2016 propôs o acordo de Donald Trump Tower Moscou que ele liderou. A razão que ele deu para esse ato de perjúrio foi que ele queria que suas declarações estivessem alinhadas com as *"repetidas negações de Donald Trump de laços comerciais e políticos entre ele e a Rússia."* Apesar de receber uma sentença de dois meses, para ser cumprido concomitantemente com sua sentença de três anos, ele aparentemente não regrediu em sua mudança de atitude quando compareceu perante o Comitê de Supervisão da Câmara em 27 de fevereiro de 2019, expressando remorso e vergonha por alguns dos as coisas que ele fez como advogado pessoal de Donald Trump e depois apontou que o presidente o reembolsou pelos pagamentos ilegais que fez.

Parece que o dia 28 de fevereiro de 2019 e o depoimento de Michael Cohen em portas fechadas ao Comitê de Inteligência da Câmara forneceram mais informações sobre o presidente que algumas autoridades eleitas, especialmente do Partido Democrata, acham que podem usar para trazer

Donald. Presidência Trump para um fim prematuro. Se esse for realmente o caso, o público americano e os estrangeiros que acham a saga da colusão de Donald Trump digna de atenção devem esperar outra reviravolta na história, com Michael Cohen atuando como um grande catalisador. E, vindo de um homem que certa vez afirmou que aceitaria uma bala por Donald Trump, essa posição seria um desenvolvimento intrigante.

III: George Papadopoulos

Outra pessoa que também se encontrou na mira da investigação do Conselho Especial foi George Papadopoulos, um poliglota em si que fala árabe, inglês, francês e grego. No que é considerado uma barganha que reflete sua cooperação com a investigação de Mueller, o ex-consultor de política externa da equipe de campanha de Donald Trump se declarou culpado em 5 de outubro de 2017 por mentir aos agentes do FBI sobre contatos que ele mantinha com um possível agente que trabalhava por interesses russos que afirmou ter "sujeira" em Hillary Clinton. Ele foi condenado a 14 dias de prisão em 7 de setembro de 2018 a 7 de dezembro de 2018, mas está atualmente sob uma libertação supervisionada de 12 meses.

Em seu livro intitulado *"Deep State Target: How I Got Caught in the Crosshairs of the Plot to Bring Down President Trump"*, George Papadopoulos apresenta seu lado da história e sua análise de todo o caso, supondo que ele e várias campanhas de Donald Trump associados foram presos pela investigação do Conselho Especial e alguns dos serviços de segurança do país.

Então, como o jovem consultor de energia de olhos inteligentes que, aos 28 anos, trabalhou para a campanha de Ben Carson de dezembro de 2015 a fevereiro de 2016, passou a participar da campanha de Donald Trump um mês depois, se envolveu em uma grande caso envolvendo conspirações internacionais que ele alegou não ter conhecimento na época?

A resposta está no papel de Papadopoulos na campanha de Donald Trump como o homem que marca reuniões com líderes estrangeiros, uma função que o coloca em contato regular com altos oficiais de campanha. Sua responsabilidade intermediária o expôs inadvertidamente a personagens insidiosos, dos quais o mais proeminente acabou sendo um acadêmico maltês chamado Joseph Mifsud. De acordo com o que algumas figuras proeminentes da investigação disseram, Mifsud tinha conexões de alto nível com o governo russo. Assim, o fato de Papadopoulos o encontrar duas vezes e ter sido informado na segunda ocasião que a Rússia tinha "sujeira" em Hillary Clinton, levantou suspeitas que não poderiam ser facilmente descartadas. No entanto, o que o tornou um possível alvo para o aparato de segurança da América foi seu encontro em 10 de maio de 2016, com o principal diplomata australiano Alexander John Gosse Downer em Londres, onde ele teria dito ao australiano sobre a "sujeira" de Hillary Clinton, que na época era sob escrutínio para excluir milhares de e-mails dela. Downer informaria o FBI sobre o assunto e o FBI abriria uma investigação de contra-inteligência sobre George Papadopoulos e outros associados de Donald Trump em conexão com as tentativas da Rússia de interromper a eleição presidencial americana de 2016. Isso ocorreu após o hackeamento, por supostos agentes de inteligência russos, do Comitê Nacional Democrata, onde os e-mails foram roubados por um ou mais hackers que operavam sob o pseudônimo "Guccifer 2.0" e pelos e-mails de John Podesta, presidente do conselho de 2016 Campanha presidencial de Hillary Clinton; e isso foi depois que as informações invadidas foram vazadas ou publicadas pelo DC Leaks em junho e julho de 2016 e pelo WikiLeaks em 22 de julho de 2016.

Embora Papadopoulos não tenha denunciado o comentário de Mifsud sobre "sujeira" sobre Hillary Clinton à Inteligência Americana imediatamente, e embora ele aceitasse que era a favor de uma melhor cooperação com a Rússia, ele negou ter feito qualquer divulgação ao governo russo. No entanto, agentes do FBI o entrevistariam em 27 de janeiro de 2017, sobre os vínculos da campanha de Donald Trump com a Rússia. Em seguida, ele foi preso sem mandado de prisão em 27 de julho de 2017, logo após ele aterrissar no Aeroporto Internacional Washington-Dulles de um voo do exterior. E isso também aconteceu alguns dias depois que ele recebeu US $ 10.000 como retentor de um homem em Israel que ele alegou ter lhe dado arrepios, mas quem declarou o objetivo do dinheiro como sua intenção de fazer negócios com Papadopoulos.

Então, quando em 14 de maio de 2019, George Papadopoulos disse a Maria Bartiromo, da Fox Business News, que os investigadores deveriam examinar o pagamento em dinheiro de US $ 10.000 que ele recebeu do homem que ele alega ser um espião, ele parecia estar do lado de Donald Trump em sua teoria da conspiração Spygate que a administração de seu antecessor Barack Obama implantou um espião em sua campanha presidencial de 2016 para fins políticos. Mesmo assim, Papadopoulos levantou mais perguntas do que as respostas fornecidas neste trecho de sua entrevista:

.".. eu chego a Dulles, tenho agentes do FBI lutando, eles nem sabem por que estão me prendendo, não tenho mandado de prisão esperando por mim, não me disseram por que estou sendo preso. E depois descobri, a partir de um relatório publicado alguns dias atrás, que a equipe de Andrew Weissmann e Mueller estava em contato com funcionários em Chipre, acho que o adido legal ali, para discutir Paul Manafort e eu, porque eu estava na verdade Chipre naquele verão.

Então, algo insidioso estava acontecendo aqui. Acho que essas contas que ainda estão em Atenas agora devem ser examinadas pelos investigadores, porque acho que estão marcadas e vão voltar para o DOJ, sob o FBI anterior sob Comey, e até a equipe de Mueller .

Se a equipe de Mueller está aprisionando os associados da campanha e os associados do Trump, do jeito que eles fizeram comigo, tenho certeza de que não foi só comigo que eles fizeram isso, e isso abrirá uma enorme lata de vermes e acho que precisamos entender exatamente, não apenas como essa história começou, mas por que eles estavam nos prendendo a seguir em frente..."

Convencido de que as notas dos US $ 10.000 que recebeu foram marcadas, George Papadopoulos foi além durante a entrevista e exigiu que as notas fossem revisadas pelo Congresso, William Barr, Inspetor Geral do Departamento de Justiça dos Estados Unidos Michael E. Horowitz, bem como John W. Huber, nomeado pelo procurador-geral dos EUA Jeff Sessions em 2017 para iniciar uma investigação sobre a vigilância do Carter pelo Carter Page e sobre as conexões entre a Clinton Foundation e o Uranium One. George Papadopoulos também solicitou a participação de outras agências e investigadores.

Alguns especialistas consideram o caso de Papadopoulos nebuloso por várias razões, citando como exemplos de uma série de indicações, a entrevista de Downer em 28 de abril de 2018 ao *The Australian* --- o jornal de circulação nacional mais distribuído na Austrália --- onde ele disse entre outras coisas que ..". *nada [Papadopoulos] disse em sua reunião, indicaram que o próprio Donald Trump estava conspirando com os russos para coletar informações sobre Hillary Clinton.";* assim como o fato de Joseph Mifsud *"estar ausente e poder ser falecido",* uma informação do processo de setembro de 2018 em um tribunal federal americano no caso *Comitê Nacional Democrata versus Federação Russa* que certamente levanta sobrancelhas.

IV: Alex Van Der Zwaan

O holandês de origem belga Alex van der Zwaan foi a primeira pessoa condenada à prisão em conexão com a investigação do Conselho Especial sobre possível conluio com a Rússia. No entanto, a sentença de 30 dias do advogado foi fundamentada no fato de ele ter se declarado culpado de mentir para agentes federais sobre seus contatos em setembro de 2016 com o vice-presidente da campanha de Donald Trump, Rick Gates, enquanto respondia a perguntas sobre a interferência russa nas eleições de 2016 em os Estados Unidos.

Porém, foi o relacionamento de trabalho de Alex van der Zwaan com Paul Manafort que o colocou no radar do FBI, da CIA e de outros aparelhos de segurança dos Estados Unidos da América. Quando trabalhou como advogado no escritório de Londres do escritório de advocacia internacional Skadden, Arps, Slate, Meagher & Flom LLP de 2007 a 2017, viu-o fazendo vários trabalhos de consultoria na Rússia e na Ucrânia para sua empresa. Foi também durante esse período que ele encontrou sua esposa - a filha do alemão ucraniano Borisovich Khan, um co-proprietário rico do Alfa Bank da Rússia que, além de se destacar como detentor de cidadania ucraniana, russa e israelense, tem sua nome mencionado no infame dossiê escrito pelo ex-oficial de inteligência britânico Christopher Steele, em essência um relato controverso que desencadeou a história do Russia Collusion. De fato, o alemão Khan e seus colegas proprietários do Banco Alfa, Mikhail Fridman e Petr Aven, entraram com um processo por difamação contra o BuzzFeed em maio de 2017, acusando a empresa americana de mídia, notícias e entretenimento da Internet de publicar o dossiê não verificado de Trump-Rússia que alegava laços financeiros e conluio entre Donald Trump, o presidente russo Vladimir Putin e os três proprietários do Alfa Bank.

A conexão de Alex van der Zwaan com Manafort e Rick Gates surgiu do relatório de 2012 de que o governo do então presidente ucraniano Viktor Yanukovych contratou Skadden Arps para trabalhar, via Manafort - um trabalho desagradável, para o então embaixador dos EUA na Ucrânia John E. Herbst, contra a ex-primeira-ministra pró-ocidente da Ucrânia, Yulia Tymoshenko, que foi efetivamente usada para defender sua acusação, condenação e prisão de sete anos em 2011, que só foram reduzidas pelo Euromaidan de 2014. Alex van der Zwaan, no entanto, foi denunciado por divulgar um relatório desfavorável sobre Yulia Tymoshenko nos EUA e em outros países ocidentais e por supostamente mentir sobre suas comunicações de 2016 com Rick Gates e o sócio de longa data de Manafort, Konstantin Kilimnik, a quem o conselho especial considerou um ex-oficial de inteligência da Rússia.

O fato de que, em janeiro de 2019, a Skadden Arps

concordou em pagar a soma de US $ 4,6 milhões como pagamento ao Departamento de Justiça por sua investigação do trabalho que a empresa fez com Paul Manafort e pelo preenchimento retroativo da documentação de lobby estrangeira adequada, nos diz uma muito sobre a conexão ucraniana na queda de graça de Alex van der Zwaan. E o fato de ele ter sido deportado após cumprir sua pena de prisão explica o grande papel que a conexão com a Ucrânia desempenhou em toda a história do conluio aos olhos de algumas pessoas.

V: Richard Pinedo

Um caso que não recebeu muita atenção da mídia foi a sentença de 10 de outubro de 2018 da juíza distrital dos Estados Unidos Dabney L. Friedrich, do especialista em computadores Richard Pinedo, a seis meses de prisão e seis meses de confinamento em casa por fraude de identidade devido ao seu papel na administração de uma empresa de servidores on-line chamada Auction Essistance, envolvida na compra e venda de números de contas bancárias que ajudavam os usuários a contornar as medidas de segurança de empresas de pagamento digital como eBay e PayPal. Uma ação ilegal em si mesma, Richard Pinedo teve o infortúnio de vender essas identidades on-line falsas para 13 russos que os usavam para comprar anúncios no Facebook. Esses russos foram indiciados pela investigação do Conselho Especial por interferir nas eleições presidenciais de 2016.

O principal negócio da Auction Essistance, que envolvia

a corretagem de números de contas bancárias, possibilitou que pessoas impedidas de acessar sites como PayPal e eBay realizassem negócios com esses sites novamente, mas com uma identidade diferente. Na verdade, Richard Pinedo administrou a linha por dois anos até chamar a atenção das agências de segurança do país e da equipe de Mueller. Em seu acordo de 2 de fevereiro de 2018, o jovem se declarou culpado de duas acusações criminais de fraude de identidade e de usar a identidade de outras pessoas para "atividades ilegais." Ao cooperar totalmente com a investigação, os quinze anos na prisão federal e uma multa de US $ 250.000 que esse crime acarreta como punição foram reduzidos à sentença de prisão limitada que ele recebeu, de modo que hoje é um homem livre. De fato, quando ele disse ao tribunal no dia de sua sentença que,

"Assumo total responsabilidade pelo que fiz ... tentei fazer todo o possível para ajudar nesta investigação",

ele se tornou um dos indicativos mais cooperativos com os quais a Investigação de Conselhos Especiais trabalhou.

CAPÍTULO TRES

Colluio en Limbo

“Se você quer fazer as pazes com seu inimigo, precisa trabalhar com ele. Em seguida, ele se torna o seu parceiro."

Nelson Mandela

"Se você diz a verdade, não precisa se lembrar de nada."

Mark Twain

"Quem quer que derrube a liberdade de uma nação deve começar subjugando a liberdade de expressão."

Benjamin Franklin

Há uma sensação de ambivalência quando se trata da natureza dos casos envolvendo alguns dos indivíduos examinados pela investigação do Conselho Especial. A natureza de suas exculpações, veredictos pendentes e cooperação deixa o terreno fértil para todo tipo de teoria da conspiração se desenvolver. Nós apenas precisamos examinar alguns desses casos para tirar nossas próprias conclusões.

I: Michael Thomas Flynn

O primeiro consultor de segurança nacional de Donald Trump, Michael Thomas Flynn, que serviu no governo Trump de 23 de janeiro de 2017 a 13 de fevereiro de 2017, foi o segundo grande peixe no campo de Donald Trump que foi capturado pela Investigação de Conselho Especial. Sua carreira mais longa foi no Exército dos Estados Unidos, onde serviu por 33 anos até se aposentar em agosto de 2014 com o posto de tenente-general. Ele entrou no negócio logo após seu tempo no Exército Americano.

Michael Flynn é considerado por alguns um peixe ainda maior do que Paul Manafort. Ele foi obrigado a se demitir do governo Donald Trump em 13 de fevereiro de 2017, somente depois de se familiarizar com as informações que havia enganado o FBI e o vice-presidente americano Mike Pence sobre a natureza e o conteúdo de suas comunicações com Sergey Kislyak, que na o tempo era o embaixador russo nos Estados Unidos da América.

Após várias investigações e estreitos compromissos com diferentes agências federais, Michael Flynn se declarou culpado em 1 de dezembro de 2017 por "deliberadamente e conscientemente" fazer "declarações falsas, fictícias e fraudulentas" ao FBI sobre um contrato de consultoria de US $ 530.000 com a empresa holandesa Inovo BV, cujo objetivo principal é beneficiar o governo da Turquia, e sobre suas conversas com Sergey Kislyak, apesar de ter especificado mais tarde que durante sua conversa com o embaixador russo em 29 de dezembro de 2016, ele pediu ao diplomata estrangeiro *"que não se escalasse...em resposta às sanções impostas pelos Estados Unidos contra a Rússia no mesmo dia."* Michael Flynn até agora não foi condenado, apesar de várias tentativas de fazê-lo terem sido adiadas. De fato, a investigação de Mueller sugeriu que ele deveria receber pouco ou nenhum tempo de prisão, um ponto confirmado por um memorando de sentença lançado em 4 de dezembro de 2018, afirmando que Michael Flynn *" merece crédito por aceitar a responsabilidade em tempo hábil e por ajudar substancialmente o governo."*

No entanto, foi a associação de Michael Flynn com empresas e governos que levou a reclamações sobre possíveis conflitos de interesse e uma acusação criminal aplicada contra ele. Afirma-se amplamente que o número impressionante e a substância de empreendimentos comerciais que ele acumulou após sua aposentadoria das forças armadas até o momento em que se tornou conselheiro de segurança nacional de Donald Trump em 23 de janeiro de 2017, foi sua ruína. Durante esse período nos negócios, ele atuou no conselho de várias organizações, enquanto também dirigia uma empresa de consultoria que fornecia serviços de inteligência para empresas e governos. O Flynn Intel Group Inc, como a empresa de consultoria foi chamada, evoluiu com o tempo para incluir subsidiárias.

Assim como Paul Manafort, Flynn também estava na mira de várias agências federais antes de ser incorporado à equipe de Donald Trump. De fato, logo após a eleição presidencial de 2016, ele chegou ao conhecimento do conselheiro da equipe de transição Don McGahn que estava sob investigação federal por fazer lobby secreto pela Turquia durante a campanha. O aviso do presidente Obama em 10 de novembro de 2018 para o presidente eleito Donald Trump contra a contratação de Michael Flynn, bem como o aconselhamento de Chris Christie para Donald Trump contra fazer do tenente-general aposentado seu consultor de segurança nacional, todos vão explicar a extensão da carne bovina o governo Obama e as agências de inteligência estavam tendo com Michael Flynn. Curiosamente, foi o presidente Barack Obama que nomeou Michael Flynn como o 18º diretor da Agência de Inteligência de Defesa, cargo que ocupou de 24 de julho de 2012 a 7 de agosto de 2014.

Mesmo antes de sua aparente aposentadoria forçada, após 33 anos de serviço, Michael Flynn havia expressado suas dúvidas sobre a narrativa do governo Obama de que a Al-Qaeda estava à beira da derrota. Ele também questionou a sabedoria de derrubar o homem forte sírio Bashar Al-Assad, baseando seus argumentos no argumento de que a insurgência síria era dominada por islâmicos radicais que se dedicavam à criação de um califado islâmico. Ao assumir tal posição, Michael Flynn automaticamente se tornou um oponente implacável dos membros do governo Obama, da burocracia, do establishment político e até de alguns aliados estrangeiros influentes. Além disso, o ex-militar, entre outras coisas, continuou criticando a política de Obama no Oriente Médio durante a campanha presidencial, a ponto de:

- mesmo afirmando em 11 de julho de 2016, que ele era um "democrata pró-vida"
- exortando os Estados Unidos a "trabalharem construtivamente com a Rússia" na Síria
- opondo-se ao acordo nuclear do Irã
- fazer lobby junto ao governo do presidente turco Recep Tayyip Erdoğan, mesmo após a tentativa de golpe de Estado contra o homem forte turco, em 15 de julho de 2016, ao qual Erdoğan respondeu com um expurgo e um apelo aos Estados Unidos da América para "extraditar Fethullah Gülen" para a Turquia, mesmo sabendo que o erudito, líder político e pregador islâmico turco era seu arqui-rival. De fato, as ações e políticas do presidente turco começaram a distanciar a Turquia lentamente de seus aliados ocidentais anos atrás.
- acima de tudo, abrindo caminho para que os democratas ferrenhos do aparato de inteligência e segurança o vejam como um sobretudo, especialmente depois que ele se juntou à equipe de Donald Trump.

II: Rick Gates

Um caso na investigação do Conselho Especial, cujo resultado é altamente esperado, é o de Rick Gates, ex-parceiro de negócios de Paul Manafort, mais conhecido como ex-presidente de campanha de Donald Trump, cumprindo pena na prisão. Rick Gates trabalhou para Manafort antes e durante a campanha. O conjunto de Gates e Manafort não envolveu apenas Gates trabalhando com Manafort em alguns acordos, um dos quais é o trabalho de consultoria que fizeram para o deposto presidente ucraniano Viktor Yanukovych. De fato, Rick James já foi vice-presidente da campanha presidencial de Donald Trump e até chefiou o comitê inaugural de Trump. O fato de ele ter se declarado culpado em fevereiro de 2018 por mentir para agentes do FBI e por uma conspiração contra os Estados Unidos da América como resultado de seu trabalho com Paul Manafort em benefício do ex-presidente ucraniano enquanto atuava como lobista não registrado, deixa muito espaço para especulação.

Rick Gates, nascido e baseado na Virgínia, cruzou o caminho com Paul Manafort durante seu estágio na empresa de consultoria Black, Manafort, Stone e Kelly. Ele impressionou o lobista republicano Rick Davis enquanto trabalhava no escritório da empresa em Washington, DC. Foi por isso que, depois que Rick Davis e Paul Manafort formaram uma nova empresa de consultoria em 2006, chamada Davis Manafort, ele pensou que se podia confiar em Rick Gates e o contratou. Com um escritório na capital ucraniana de Kiev, Davis Manafort solicitaria clientes no mundo eslavo oriental, eventualmente trabalhando para o político ucraniano e mais tarde presidente ucraniano Viktor Yanukovych, além de outros clientes, como o oligarca russo Oleg Deripaska que, entre outros, pertencente a um dos maiores grupos industriais diversificados da Rússia, chamado Basic Element Ltd. Gates se tornou inestimável para a empresa de consultoria, a ponto de desempenhar um papel importante na intermediação de uma reunião em 2006 entre o então senador e candidato presidencial John McCain e o oligarca russo Deripaska. Portanto, não foi de surpreender que, depois de Rick Davis deixar a Davis Manafort em 2008 e se juntar à equipe de campanha presidencial de John McCain, Rick James se tornasse seu substituto lógico na empresa. Foi assim que suas fortunas ou infortúnios aumentaram na empresa, a ponto de ele estar ao lado de Paul Manafort no trabalho de consultoria estrangeira que ajudou Yanukovych e seu partido a vencer as eleições parlamentares de 2006 e as eleições presidenciais de 2010 que marcaram o retorno político e o domínio de Yanukovych. Política ucraniana, respectivamente; isto é, até sua derrubada em 2014.

É difícil encontrar alguém que diga que a carreira e a vida de Rick Gates não entraram no abismo quando ele começou a trabalhar para a campanha de Donald Trump em junho de 2016, depois que Donald Trump fez de Paul Manafort seu gerente de campanha. Manafort não hesitou em promovê-lo para o cargo de vice-gerente de campanha, encarregado de lidar com as atividades diárias da campanha, como se ele não pudesse ser eficaz no cargo principal da campanha sem seu subordinado de dez anos.

Rick Gates provaria ser inestimável, de fato, porque Donald Trump iria vencer a eleição presidencial de 2016. No entanto, quando um grande júri federal indiciou Rick Gates e Paul Manafort em 27 de outubro de 2017, como parte da investigação sobre interferência russa nas eleições de 2016 nos Estados Unidos, bem como assuntos relacionados que a investigação do Conselho Especial estava conduzindo, descobriu-se que havia mais na história de Rick Gates do que aparecia. No entanto, ele e Manafort se declarariam inocentes em sua audiência de 30 de outubro de 2017 na acusação de doze acusações, acusando-os de conspiração contra os Estados Unidos da América, de fazer declarações falsas, de lavagem de dinheiro e de não se registrar como estrangeiro agentes da Ucrânia, conforme exigido pela Lei de Registro de Agentes Estrangeiros.

As coisas tomaram um rumo inesperado quando Robert Mueller revelou novas acusações no caso Manafort e Gates em 22 de fevereiro de 2018, elevando assim as contagens para 32 --- dezesseis contagens de declarações falsas de imposto de renda individual, sete contagens relacionados con la falta de presentación de informes de cuentas financieras y cuentas bancarias extranjeras, cinco acusações de conspiração de fraude bancária e quatro acusações de fraude bancária. Rick Gates respondeu ao desenvolvimento se declarando culpado em 23 de fevereiro de 2018, por uma acusação de conspiração contra os Estados Unidos da América e uma acusação de fazer declarações falsas. Ele também concordou em cooperar com a investigação de Mueller. Mais tarde, ele trabalharia como testemunha principal contra Paul Manafort, fornecendo à investigação do Conselho Especial uma visão da extensa conspiração criminosa de sete anos que ele se envolveu com Manafort, desde mentir à Receita Federal, lavagem de dinheiro e inflar suas despesas. contas com cobranças falsas, para evitar o pagamento de impostos e falsificar documentos para os bancos, a fim de obter milhões de dólares em empréstimos.

III Roger Stone

Roger Stone, um consultor político colorido e associado de longa data de Donald Trump é um dos nomes populares denunciados em conexão com a investigação do Conselho Especial, mas que ainda não foi proferido nenhum julgamento. Como apenas um conselheiro informal da campanha de Donald Trump, ele logicamente não deveria figurar na lista dos principais suspeitos da história do Russian Collusion, mas é considerado por muitos como o mais imponente de todas as "vítimas" ou "vilões" da investigação de Mueller. Não é que muitas pessoas se safem de culpar alguém por pensar que Roger Stone era parcialmente responsável por atrair tanta publicidade negativa para si mesmo, o que levou à sua prisão e indiciamento em 25 de janeiro de 2019 sob sete acusações relacionadas a cinco acusações de mentir a investigadores, testemunhar adulterações e obstruir um processo oficial. Liberado sob fiança no mesmo dia, ele prometeu combater as acusações.

Roger Stone, de língua afiada, apareceu como um

agente provocador quando apareceu para deixar o gato sair da bolsa, sugerindo no twitter informações prejudiciais que estavam prestes a ser divulgadas a Hillary Clinton e seu presidente da campanha presidencial de 2016 John Podesta. O fato de ele ter enviado esses tweets dias antes de 7 de outubro de 2016, quando o WikiLeaks começou a publicar os milhares de e-mails que alegou serem recuperados da conta privada do Gmail de Podesta, tornou tudo mais lógico que ele se incluísse na lista dos principais assessores de campanha de Donald Trump que sabiam dos planos do WikiLeaks de divulgar os e-mails roubados ao público. Pela simples razão de que os e-mails comprometiam as posições ou a estratégia de campanha de Hillary Clinton, e o fato de que eles acreditavam ter sido roubados da campanha de Clinton e do Comitê Nacional Democrata por operadores russos, Roger Stone inadvertidamente se tornou altamente suspeito não apenas de envolvimento com os russos acreditavam ter feito o hacking, mas também de lidar com o WikiLeaks.

Uma mente curiosa teria dificuldade em responder se Roger Stone poderia ser um agente provocador, como ele próprio alegava; e se sim, o que ele realmente quis dizer quando disse, entre outras coisas, que *"o truque sujo de um homem é a ação política e cívica de outro homem"*?

Não há dúvida de que Roger Stone tem lutado contra as acusações, que ele considerou politicamente motivadas, de uma maneira que cheira a indignação. E ele tem feito isso vigorosamente e com fanfarra que é digna de atenção, mantendo sua alegação ou promessa de que "não daria falso testemunho" contra Donald Trump, uma posição que o viu negar qualquer irregularidade antes e depois da eleição. é por isso que, ao ecoar o presidente repetidamente chamando a investigação de "caça às bruxas", ele está basicamente afirmando a alegação de que as acusações de conluio com a Rússia são "um prato fumegante de touro ...", como ele disse uma vez.

Mesmo assim, quase ninguém viu isso acontecer em 18 de fevereiro de 2019; ele postou uma foto no Instagram de Amy Berman Jackson, a juíza federal que supervisionava seu caso, com o que parecia uma mira de uma mira de espingarda ao lado da cabeça do juiz. Apesar das desculpas de Stone no dia seguinte, Amy Berman Jackson respondeu à gafe desnecessária impondo uma ordem de mordaça completa ao réu sitiado, alegando que ele não "representaria um perigo" para os outros se não discutisse o caso em público.

Quando, em 20 de junho de 2019, o procurador assistente dos EUA, Jonathan Kravis, liderou outros promotores por escrito que "as postagens de Stone violam a ordem deste Tribunal de que Stone não comente 'na mídia ou em ambientes públicos sobre a investigação do Conselho Especial ou este caso ou qualquer um dos participantes na investigação ou no caso. '", Travis apareceu como alguém que estava firmemente convencido de que as recentes postagens nas redes sociais do confidente de longa data de Donald Trump atacando o FBI e a investigação do advogado especial de Robert S. Mueller III foi outra repetição de sua violação de a ordem de mordaça do juiz federal. Independentemente de como as diferentes facções olham, é a reação dos comentaristas que foi mais cansativa para a acusação. Alguns deles não apenas se referiram à investigação como um *"embuste na Rússia"*, mas também chegaram a aplaudir a equipe de defesa Roger Stone por revelar *"lições profundamente perturbadoras sobre o nível de corrupção nos níveis mais altos das agências encarregados de nos proteger de ameaças externas ..."* Essas declarações são essencialmente uma condenação da comunidade de inteligência.

O extravagante Roger Stone parece levar a sério os desenvolvimentos recentes à medida que a data do julgamento de 5 de novembro de 2019 se aproxima, porque ele realizou uma arrecadação de fundos em Annandale, um bairro de classe média da cidade de Nova York, em Staten Island, três dias depois, em uma tentativa de recuperar alguns dos US $ 2 milhões em contas de advogados que o caso está lhe custando. Então, quando em 16 de julho de 2019, a juíza Amy Berman Jackson, do tribunal de Washington, DC, o proibiu de postar qualquer coisa nas principais plataformas de mídia social (Instagram, Facebook e Twitter) depois que ele violou uma ordem de mordaça já estrita Em um caso criminal, os especialistas não puderam deixar de pensar no fato de que ele teve sorte, especialmente depois que uma ladainha de suas postagens recentes de sua conta do Instagram foi fornecida como evidência de sua violação da ordem de mordaça, com o objetivo de impedi-lo de prejudicar futuros jurados.

IV: Gregory Bestor Craig

Quando, em 12 de agosto de 2019, as notícias chegaram ao público anunciando a data do julgamento de 19 de agosto de 2019 para Gregory Bestor Craig, um advogado que trabalhou como conselheiro da Casa Branca de 20 de janeiro de 2009 a 3 de janeiro de 2010, sob a administração do Presidente Barack Obama, marcou uma fase curiosa no relatório pós-Mueller da política americana ou o que é chamado de Relatório sobre a investigação de interferência russa nas eleições presidenciais de 2016. De fato, Craig era altamente considerado nos altos escalões do Partido Democrata devido ao fato de ter servido bem no governo Obama e também ter deixado uma boa impressão trabalhando como conselheiro da Casa Branca no governo Clinton a partir de 10 de julho, 1997 - 16 de setembro de 1998. É por isso que sua acusação em abril de 2019 por ocultar informações do Departamento de Justiça e por deliberadamente fornecer informações falsas a ele surpreendeu muitas pessoas.

Craig pode não ter se encontrado hoje em água quente se tivesse retornado ao seu antigo escritório de advocacia Williams & Connolly depois de deixar o cargo de advogado da Casa Branca em 2010 ou recusado a oferta mais atraente de trabalhar para o mais renomado escritório de advocacia Skadden, Arps, Slate, Meagher & Flom LLP e afiliadas, às vezes chamadas Skadden Arps ou o que é comumente conhecido como Skadden. Mas ele ingressou na empresa em janeiro de 2010 como parceiro do Grupo de Prática de Estratégia Global para Políticas e Litígios e realizaria trabalhos a partir de seu escritório em

Washington DC, representando clientes de alto nível como Goldman Sachs e John Eduard, candidato democrata a vice-presidente em 2004.

A gênese de tudo isso foi em maio de 2010, o dia em que a Promotoria Geral da Ucrânia iniciou uma série de processos criminais contra Yulia Tymoshenko, a candidata pró-Ocidente que depois de perder o segundo turno das eleições presidenciais de 7 de fevereiro de 2010 em Yanukovych, permaneceu virulenta contra para o novo presidente ucraniano. Craig deveria ter ficado cauteloso depois que o Parlamento Europeu aprovou uma resolução condenando o governo Yanukovych por perseguir Tymoshenko e por processar vários casos contra ela e seus ministros, dos quais o "caso Gas", baseado em um contrato que ela assinou em 2009 com o A empresa de gás russa Gazprom para fornecer gás natural à Ucrânia como primeira-ministra da Ucrânia foi a mais proeminente.O tribunal acusaria Tymoshenko de abuso de poder e peculato com o argumento de que o acordo não atendia aos interesses da Ucrânia e que para benefícios pessoais, o que a levaria a sete anos de prisão, entre outras sentenças, punições que começou a cumprir em 30 de dezembro de 2011.

Alguns especialistas sustentam que Craig se meteu em problemas legais depois que ele não se registrou como um agente estrangeiro em violação da lei que exige que o lobista o faça ao fazer lobby em nome de governos estrangeiros. Isso foi após um trabalho de 2012 que ele fez para o governo da Ucrânia, sob a presidência de Viktor Yanukovych, que foi ridicularizado pelos governos ocidentais por sua posição pró-russa e por ser responsável pelo encarceramento de Yulia Tymoshenko, uma queridinha do Ocidente e uma herói da Revolução Laranja de 2004 na Ucrânia. Embora o governo Yanukovych tenha encomendado a equipe de advogados de Skadden que Craig levou a investigar erros no julgamento de Tymoshenko; e mesmo que o relatório produzido pela equipe de Craig demonstrasse que Yulia Tymoshenko foi impedida de ter assessoria jurídica em "estágios críticos" do processo judicial, e de que testemunhas críticas fossem convocadas para melhorar sua defesa; o relatório concluiu que Yanukovych não convenceu politicamente a condenação de Tymoshenko para reprimir a oposição e que foi apoiada por evidências.

Craig não apenas falhou em promover seu controverso relatório entre jornalistas e membros do congresso, mas também não conseguiu convencer os advogados de Tymoshenko e os grupos de direitos humanos. É por isso que poucas pessoas ficaram surpresas quando ele se demitiu de Skadden em abril de 2018, depois que a investigação do Conselho Especial indicou Alex van der Zwaan, advogado do escritório de Londres da empresa que participou de sua equipe que realizou o trabalho de investigação no encarceramento de Tymoshenko. No entanto, muitas pessoas pensaram que o assunto foi resolvido definitivamente depois que Skadden pagou US $ 4,6 milhões como parte de um acordo com o Departamento de Justiça dos EUA por causa do trabalho não registrado que o escritório de advocacia realizou em cooperação com Paul Manafort para o governo Yanukovych. Sua acusação em abril de 2019 foi uma surpresa, sem dúvida. No entanto, é seu julgamento agendado para 19 de agosto de 2019 que determinará a extensão do desastre da Ucrânia em toda a investigação do Conselho Especial que parece certo reverberar por muitos mais meses ou talvez até muitos anos vindouros.

V: The Russians

É provável que percam a visão geral e minem a seriedade do trabalho da investigação do Conselho Especial sobre interferência russa nas eleições de 2016 nos Estados Unidos e os vínculos suspeitos entre associados de Donald Trump e autoridades russas, se deixarmos de insistir nos russos que foram pegos na mira da investigação do Conselho Especial e encontrou um ponto no relatório Mueller, e mais especialmente se focarmos, em vez ou exclusivamente, nos atores americanos no que é suposto ser um drama que molda a mãe Rússia como o principal vilão que levou seus filhos a "contaminar" a sacralidade das eleições americanas, invadindo as máquinas eleitorais americanas e influenciando alguns dos atores envolvidos nas campanhas e eleições.

Embora nenhum cidadão russo tenha sido julgado ou sentenciado, a maioria dos que até agora foram indiciados é de russos. Podemos dividir os indicados em três categorias:

1. Konstantin Kilimnik, nascido na Ucrânia, que

também possui a cidadania russa após o ensino superior na Rússia e os primeiros anos de trabalho lá, destaca-se como o russo mais proeminente a ser indiciado pelo júri da investigação do Conselho Especial por acusações de obstrução da justiça e de conspiração para obstruir a justiça, tentando violar uma testemunha em nome de Paul Manafort. Referenciado extensivamente pelo Relatório Mueller, Kilimnik, que trabalhou para Manafort por mais de uma década a partir de sua base na cidade ucraniana de Kiev, é visto como tendo laços com a inteligência russa, algo que ele negou repetidamente e com veemência. No entanto, o que ele não podia negar eram suas conexões com os magnatas dos negócios russos e ucranianos, incluindo Oleg Deripaska, Rinat Akhmetov e Serhiy Lyovochkin. A investigação de Mueller viu criminalidade em seus negócios com Manafort durante a primavera e o verão de 2018, quando ele supostamente serviu como um canal entre Manafort e interesses que se opunham ao governo pós-Yanukovych / apoiado pelos EUA / UE na Ucrânia - ou seja, aqueles que se opunham ao ex-presidente ucraniano Yanukovych, Rússia, e forças pró-russas na Ucrânia. Kilimnik encerrou sua acusação em 8 de junho de 2018 através de uma troca de e-mails com o Washington Post em 5 de abril de 2019, onde afirmou o seguinte, entre outras coisas: *"Não tenho vínculos com a Rússia ou, nesse caso, com qualquer operação de inteligência... Este é um dos maiores erros na percepção do público e no relatório. Simplesmente não se baseia em fatos e é uma narrativa inventada ... não tenho absolutamente nada a ver com a interferência da Rússia nas eleições dos EUA investigadas pelo Sr. Mueller."*

O problema, no entanto, é que, apesar de ter admitido o treinamento dos soviéticos e, posteriormente, da Rússia, na Universidade Militar de Moscou, ele também afirma que foi demitido do Serviço de Segurança Federal da Rússia no início dos anos 2000.

2. Três dias antes do presidente Donald Trump se encontrar com o presidente russo Vladimir V. Putin em Helsinque, Finlândia, a Investigação Especial indicou 12 russos considerados agentes de inteligência da GRU da Rússia (a agência estrangeira de inteligência militar do Estado-Maior General das Forças Armadas). Forças da Federação Russa) alegando que invadiram o Comitê Nacional Democrata e a campanha presidencial de Clinton. Citando uma litania de operações de subterfúgio de bronze que esses agentes supostamente realizaram com a intenção de semear o caos pouco antes de 8 de novembro de 2016, a acusação de 29 páginas apresentou um caso contra a Rússia que é difícil para uma pessoa comum demitir. As supostas ações realizadas pelos agentes russos incluíam lavagem de dinheiro, phishing e tentativas de acessar a junta eleitoral de vários estados nos EUA. No entanto, as

forças pró-Trump e a Rússia consideraram o momento da acusação um esforço bem planejado para torpedear a cúpula de Helsinque, em 16 de julho de 2018, a primeira entre os dois presidentes, que eles esperavam derreter o desenvolvimento da Guerra Fria entre a Rússia. e os EUA e seus aliados desencadeados pela derrubada de Yanukovych da Ucrânia, a chegada ao poder de forças pró-ocidentais na Ucrânia, a anexação da Rússia à província ucraniana da Crimeia (a Rússia soviética até 1956, quando o então líder da União Soviética Nikita Khrushchev transferiu-o para a República Soviética da Ucrânia) e o conflito armado no Donbass da Ucrânia (as províncias de Lugansk e Donetsk que eram as fortalezas do presidente ucraniano deposto). O fato de nenhum dos doze agentes de inteligência russos ter sido denunciado, especialmente por morar no exterior, longe da jurisdição americana, dificulta e controverte a verificabilidade das acusações contra eles. Além disso, a constituição da Rússia, assim como a dos EUA, geralmente protege seus cidadãos da extradição e deportação. É por isso que é altamente improvável que qualquer cidadão russo seja levado aos Estados Unidos da América para julgamento.

3. Dizem que os 13 russos e três empresas indiciadas em 16 de fevereiro de 2018 por ajudar a Campanha Donald Trump constituem a parte da interferência russa que a investigação do Conselho Especial

aparentemente não considera uma obra direta dos serviços de inteligência da Rússia. Descrita como uma rede sofisticada que minava os candidatos almejados e o sistema político americano, a interconexão envolvia, entre outras coisas, uma Agência de Pesquisa na Internet com bom funcionamento na cidade imperial russa de São Petersburgo, e diz-se que ela se estendeu aos feeds sociais da Os EUA por meio de campanhas de mídia social destinadas a atacar os americanos, exacerbando suas divisões políticas e organizando comícios, especialmente nos estados do campo de batalha das eleições, tudo em benefício de Donald Trump. Alguns dos 13 civis russos indiciados incluíam clientes de Richard Pinedo que compraram contas bancárias dele pela Internet. O fato de todas as três empresas indiciadas pertencerem ao magnata do setor de catering Yevgeny Prigozhin, que além de ser um dos 13 indiciados, também recebeu vários jantares na Rússia para dignitários estrangeiros aos quais Vladimir Putin também participou, dá a todo o caso torção bizarra. Como na outra categoria de casos envolvendo a Rússia, não se esperava nenhum avanço nessas acusações. Então, quando, em 08 de maio de 2019, um casal de advogados de uma das empresas indiciadas - Concord Management and Consulting, LLC - superou as expectativas ao comparecer ao tribunal federal de Washington para se declarar inocente das acusações, questionando as alegações. pelo escritório de Mueller, que o governo russo não havia cooperado com seus esforços para citar os indiciados sob a acusação de estar envolvido em uma operação implacável, bem financiada e multifacetada que subverteu as eleições presidenciais de 2016.

Hoje, é óbvio que os veredictos aguardados sobre os casos envolvendo Michael Flynn, Rick Gates e Roger Stone não mexem tanto com os americanos quanto antes da divulgação do relatório da investigação do Conselho Especial. Na opinião de alguns, o Mueller Report inadvertidamente exonerou Donald Trump e sua equipe de conluio com a Rússia e, ao fazê-lo, enfraqueceu involuntariamente o caso sobre o envolvimento da Rússia e dos russos no resultado da eleição presidencial de 2016.

Agora, a questão é se o governo Donald Trump conseguirá vencer seus trinta meses no cargo aproveitando seus sucessos, dominando as ferramentas para superar os desafios que os americanos e os americanos enfrentam, construindo seus pontos fortes, neutralizando as ameaças a e capitalizando as oportunidades que pode aproveitar com êxito para realizá-lo pelos próximos dezessete meses de maneira tão positiva que aumentaria suas chances de ganhar a eleição presidencial de 2020, tornando Donald Trump um presidente de dois mandatos, apesar do forte oposição dos oponentes, inimigos e rivais do presidente.

Um resumo dos indiciados pela Mueller Investigation

NOME	COBRANÇAS	RESULTADOS
 Roger Stone, ex-conselheiro de Donald Trump	Indiciado por mentir ao Congresso, obstrução e violação de testemunhas.	Declarou-se inocente
 Michael Cohen, ex-advogado de Donald Trump	Declarações falsas ao Congresso	Se declararam culpadas; condenado a 3 anos de prisão 12 de dezembro de 2018
 Paul Manafort, ex-presidente da campanha de Donald Trump	Dois casos federais envolvendo fraude fiscal e bancária, lavagem de dinheiro e obstrução da justiça	7,5 anos de prisão; US $ 24 milhões em restituição
 George Papadopoulos, ex-assessor de campanha de Donald Trump	Mentindo para o FBI	Se declarou culpado; condenado a 14 dias de prisão.

NOME	COBRANÇAS	RESULTADOS
Michael Flynn, ex-consultor de segurança nacional	Mentindo para o FBI	Se declarou culpado; condenação atrasada.
Rick Gates, ex-assessor de campanha de Donald Trump	Conspiração, Mentindo para o FBI, e o escritório de advogados especiais	Se declarou culpado; cooperar com os promotores.
Alex van der Zwann, Advogado	Mentindo para o FBI	Se declarou culpado; condenado a 30 dias de prisão.
Richard Pinedo, corretor de dados	Fraude de identida	Se declarou culpado ; condenado a seis meses de prisão.
Konstantin Kilimnik, associado de Paul Manafort	Obstrução da justiça, conspiração para obstruir a justiça	

	NOME	COBRANÇAS	RESULTADOS
	12 agentes de inteligência da conspiração GRU da Rússia	Para conspiração cometer crimes de computador, roubo de identidade, lavagem de dinheiro	
	13 Russos e três empresas afiliadas	Conspiração para fraudar os Estados Unidos, conspiração para cometer fraude bancária / bancária, roubo de identidade	
	NOME	COBRANÇAS	RESULTADOS

FONTE: Pedidos do tribunal federal via AP

CAPÍTULO QUATRO

Precursor

Cassandra (também chamada Alexandra) na mitologia grega era uma princesa e vidente troiana que foi amaldiçoada com o poder de profecias que, embora verdadeiras nunca fossem cridas por aqueles que a cercavam, especialmente aquelas que as profecias deveriam ajudar porque ela era privada do poder de persuasão. Suas profecias mais notáveis foram o sequestro de Helen por seu irmão Paris, a Guerra de Troia e a Destruição de Tróia.

Não há problema em os diferentes campos de uma corrida se convencerem de que prevalecem sobre os adversários. Afinal, essa é a essência da competição ou a razão pela qual pessoas e entidades competem - elas esperam ganhar e obter os benefícios de suas vitórias. De fato, eles não pretendem apenas vencer; eles esperam prevalecer sobre seus oponentes de uma maneira que dissuadisse seus rivais vencidos de desafiá-los novamente. E, como geralmente acontece, eles não parariam de se preparar para o dia da competição até o último minuto.

Exprimir medos ou preocupações sobre o seu oponente é frequentemente visto como uma medida da sua compreensão da força do (s) competidor (es) ou competição (s) que você está enfrentando. O medo pode ser paralisante se você permitir que ele o domine. No entanto, quando se trata dos verdadeiros motivadores e agitadores deste mundo, o medo é muitas vezes um motivador, o tiro que os levaria a sair de sua complacência e agitaria seus sentidos, impulsionando-os a superar obstáculos que não se imaginavam prevalecendo por um curto período. um pouco antes. O medo então os fortalece; o medo se torna uma força, um canal para o conhecimento. Afinal, Sun Tzu, o antigo mas famoso general chinês, estrategista militar, escritor e filósofo, articulou a importância de conhecer seu inimigo em seu memorável livro "A Arte da Guerra", quando escreveu entre outras coisas que *"Se você conhece o inimigo e conhece a si mesmo, não precisa temer o resultado de cem batalhas."*

É por isso que quando elementos da mídia de esquerda, especialmente aqueles que ganharam reputação ao longo dos anos por serem virulentos contra o 45º presidente dos Estados Unidos da América, expressaram preocupações que explícita ou implicitamente disseram a seu público que eles também pensam Donald Trump tem uma grande chance de vencer a eleição presidencial de 2020, a menos que algo dramático aconteça, espera-se que os levemos a sério. Alguns podem ver esses anti-Trumpistas peculiares ecoando esses sentimentos como mensageiros da desgraça, sem saber que há outros que discernem algo mais complexo nas declarações dos supostos condenadores do pessimismo. Esses questionadores anti-Trump veem o conhecimento, se não a sabedoria, sendo divulgada pelos "cassandristas" na mídia. De certa forma, a mídia anti-Trump que ecoa essas visões aparentemente negativas está de fato alertando os candidatos democratas e o Partido Democrata em geral a não subestimar o homem que perseguiram nos últimos quatro anos, na esperança de desordená-lo.

De fato, um artigo de 22 de março de 2019 da Vox.com ecoou esse sentimento no primeiro parágrafo, que dizia: *"Para os democratas, existe um grande medo nas eleições de 2020: uma economia em expansão poderia salvar Donald Trump."*

No entanto, é o artigo de 25 de junho de 2019 da

Goldman Sach que favorece Donald Trump para ganhar a reeleição em 2020 que levanta as sobrancelhas. Intitulado "O gráfico Donald Trump do Goldman Sachs que deve assustar os democratas no momento", expatriado no artigo da Vox.com usando a matriz Produto Interno Bruto (PIB), que embora não seja a medida completa do bem-estar econômico de um país, correlacionou-se estreitamente com vitórias eleitorais passadas nos EUA quando a economia não está encolhendo ou estagnada, e mais especialmente quando o crescimento do PIB é bom. O artigo da Goldman Sachs foi sucinto em sua previsão ou cautela ao escrever que: *"Mais importante é que a economia pode enfraquecer antes das eleições. Mas a estimativa de crescimento de 2,2% do Goldman já representa uma desaceleração em relação aos 2,9% do ano passado. Ainda pode ser o suficiente."*

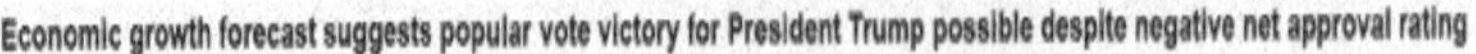

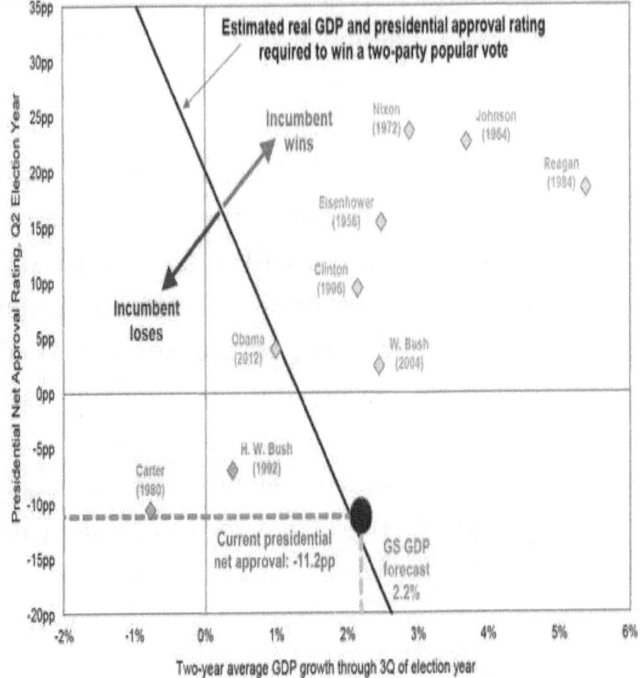

Não é difícil entender por que o banco multinacional americano de investimentos e a empresa de serviços financeiros tiveram que se concentrar tanto na economia. É uma entidade comercial e, como tal, prospera em uma economia robusta porque uma economia em expansão é boa para as empresas. É por isso que o Goldman Sachs vê uma inevitável vitória de Donald Trump em 2020 se a eleição presidencial for contestada principalmente na parte de trás da economia. No entanto, existem outros fatores que Donald Trump pode aproveitar para vencer a eleição presidencial de 2020, apesar da economia ou além dela. Um deles tem mais a ver com psicologia do que qualquer outra coisa. Os titulares têm uma chance de 2 a 1 de ganhar a reeleição, como mostra a tabela abaixo. No entanto, a incumbência e as vantagens que ela acarreta não são algo para se concentrar neste capítulo. Vamos olhar para as coisas que fazem os Estados Unidos da América funcionarem e como Donald Trump está se aproveitando delas para vencer a corrida de 2020 pela Casa Branca.

Regiões dos Estados Unidos da América

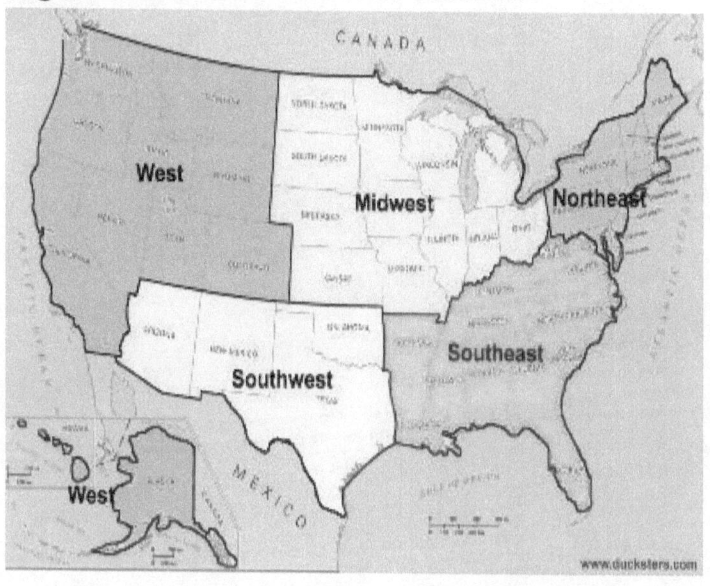

Midwest	Centro Oeste
Northwest	Noroeste
Southeast	Sudeste
Southwest	Sudoeste
West	Oeste

JANVIER T. CHANDO

TABLE 2

Has the Party Holding the Presidency Kept It?[a]

Elections with an Incumbent Candidate Running	
Yes, Kept the Presidency (N = 21)	No, Lost the Presidency (N = 10)
1792 Washington	1800 J. Adams lost to Jefferson
1804 Jefferson	1828 J.Q. Adams lost to Jackson
1812 Madison	1840 Van Buren lost to W.H. Harrison
1820 Monroe	1888 Cleveland lost to B. Harrison
1832 Jackson	1892 B. Harrison lost to Cleveland
1864 Lincoln	1912 Taft lost to Wilson
1872 Grant	1932 Hoover lost to F.D. Roosevelt
1900 McKinley	1976 Ford lost to Carter
1904 T. Roosevelt	1980 Carter lost to Reagan
1916 Wilson	1992 G.H.W. Bush lost to Clinton
1924 Coolidge	
1936 F.D. Roosevelt	
1940 F. D. Roosevelt	
1944 F.D. Roosevelt	
1948 Truman	
1956 Eisenhower	
1964 L.B. Johnson	
1972 Nixon	
1984 Reagan	
1996 Clinton	
2004 G.W. Bush	

Em nossa jornada de mãos dadas para analisar os fatores que determinariam os resultados das eleições presidenciais de 2020, seremos presenteados com as linhas nunca antes imaginadas que estão sendo refinadas nas diferentes regiões do país para fazer a corrida de 2020 pelos brancos Casa o mais colorido do seu tempo.

Table 2= **Tabela 2**

Has the Party Holding the Presidency Kept it?	O Partido que ocupa a Presidência o manteve?
Elections with an Incumbent Candidate Running	Eleições com um candidato em exercício
Yes, Kept the Presidency No, Lost the Presidency	Sim, manteve a Presidência, Não, perdeu a Presidência